FRANCISCO JAVIER ROLDÁN

LA ESCUELA HOLANDESA LLEGA AL BARÇA

Rinus Michels / Francisco Javier Roldán. - 1a ed. - LIBROFUTBOL.com, 2020.
216 páginas; 15,2 x 22,9 cm.

ISBN 978-987-3979-94-1

1. Biografías. 2. Anécdotas. I. Título.
CDD 920

**RINUS MICHELS**
de Francisco Javier Roldán



Diseño de cubierta: Luciano Medvetkin
Maquetación: Luciano Medvetkin
Foto del autor: © Francisco Javier Roldán

LIBROFUTBOL.com
Olga Cossettini 1112 - oficina 8F - Ciudad de Buenos Aires - Argentina
ediciones@librofutbol.com - whatsapp +54 9 11 2215 1982

1ª edición: julio 2020



ISBN 978-987-3979-94-1

"El pasado no ha muerto; ni siquiera es pasado"
William Faulkner, Réquiem por una mujer

9

"Michels puso a Holanda en el mapa futbolístico mundial. Todavía nos estamos beneficiando de ello"

Johan Cruyff, jugador del Barça entre 1973-1978,
entrenador del Barça entre 1988-1996

"Michels representa el paradigma de entrenador de la era moderna"

Joan Laporta, presidente del Barça entre 2003-2010

"Michels aportó métodos diferentes (...) Hasta su llegada, nunca habíamos conocido un entrenador como él"

Quique Costas, jugador del Barça entre 1971-1980,
entrenador de sus filiales entre 1987-2007

"Yo no hubiese sido capaz de cambiar el fútbol de no haber existido Cruyff. Quizá porque Johan aprendió de otros que le precedieron".

Josep Guardiola, canterano del Barça, jugador de la primera plantilla
entre 1990-2001, entrenador del Barça B 2007-2008,
entrenador del Barça entre 2008-2012

"Cuando la tengáis, mirad siempre al compañero más alejado"

"Has jugado más lento que mi abuela, Pep"

Cruyff en su etapa de entrenador del Barça

"Cruyff era muy duro, exigía mucho"

"Olvídense, el legado de Cruyff no son los títulos"

Guardiola en su etapa de entrenador

"Tengo un compromiso con el fútbol. Y solo entiendo el fútbol a través del balón"

Quique Setién, entrenador del Barça desde 2020

# Contenido

# Introducción

En el año 2019, desde la prestigiosa revista *France Football*, se corroboró lo que el organismo FIFA y el periódico *The Times* habían hecho oficial antes: Marinus Jacobus Hendricus Michels, conocido como Rinus Michels, es el mejor entrenador del siglo XX.

Entre los argumentos compartidos para galardonar al técnico de los Países Bajos se encuentran títulos como la Copa de Europa o la Eurocopa. Sin embargo, sobre todo, el honor viene dado por la consideración general de Michels como ideólogo del llamado fútbol total, propuesta de juego que finiquitó tanto los conceptos clásicos de corte individual que un fútbol calificado de moderno había superado, como los defensivos que la propia modernidad trajo consigo. El estilo total empezó con su Ajax en los años sesenta y explotó con su Holanda en los setenta. Las nociones centrales del mismo son, medio siglo después, la base del fútbol mundial. Paralelamente a aquella Naranja Mecánica revolucionaria de 1974, Michels dirigía al Barça, club donde pasó seis temporadas completas, enmarcadas entre los años 1971 y 1978, todas durante la presidencia de Agustí Montal Costa. En su estancia en Barcelona el neerlandés solo consiguió dos títulos importantes, una Liga y una Copa del Rey.

Este libro trata de ir a las raíces para repasar qué aspectos del juego se aceptan como pertenecientes a las distintas épocas, pero de manera principal ahonda en cuál era la idea de Michels y la escuela holandesa, la construcción de su estilo durante sus etapas en el Ajax y el Barça, como así también en los posibles porqués de que fuese exitoso en Holanda y no en España, país donde unieron fuerzas un entrenador y un club tan importantes. En el fondo se espera ver si, además de al fútbol, Rinus Michels dejó algo positivo al F. C. Barcelona.

# Capítulo 1.

## El Barça al que llega Michels

Cuando el 2 de junio de 1971 el emergente Ajax venció al Panathinaikos y consiguió así la primera de sus tres Copas de Europa consecutivas, ese gigante llamado Barça aún no exhibía ninguna en sus vitrinas. Debido a la exigencia españolizadora del gobierno militar que dictaba en el país, para aquella fecha el nombre de la entidad azulgrana era Club de Fútbol Barcelona. Agustí Montal Costa era el presidente, Vic Buckingham el mánager y el equipo había acabado segundo de la Liga con los mismos puntos que el Valencia campeón, encontrándose en disputa de los cuartos de una Copa que se jugaba tras la última fecha liguera. Copa que entonces no hacía honor al rey, sino al generalísimo, y que finalmente levantarían los pupilos de Buckingham, como conclusión de la mejor temporada de juego desde tiempos de Helenio Herrera, más de una década atrás. Pero otra vez se escapó la Liga y, según las condiciones de la época, eso se traducía en que no habría posibilidad de participar en la siguiente Copa de Europa. Tras once años sin ganar el torneo de la regularidad, la situación era urgente. Una urgencia que podría precipitar acontecimientos.

Temporada y media antes, el británico Vic Buckingham había sido la sorprendente primera apuesta para el banquillo de Agustí Montal hijo, uno de los presidentes más ambiciosos que la entidad conociese en tiempos de dictadura. En el breve periplo a cargo de la plantilla, el entrenador había hecho mérito suficiente para continuar en su puesto, pero antes de finalizar la 70/71 sus problemas de espalda se intensificaron y se hizo necesario pasar por el quirófano. Él dijo que se operaría en julio

y pidió que le esperasen. Habiéndolo renovado el 15 de abril del 71, justo antes de acabar la Liga, ahora Montal le agradecía los servicios prestados y a la vez manifestaba que el club era lo más importante, que no podía esperar hasta su incierta vuelta. "El Barcelona no puede estar tranquilo ante el estado físico de su entrenador, mucho menos de brazos cruzados. Es lógico que comencemos a tomar medidas para el caso de que Buckingham tenga que ser operado. No en vano está en juego el prestigio del club, y está demostrado que las improvisaciones no siempre dan buen resultado", declaró el mandatario. Por su parte, el gerente azulgrana y mano derecha del presidente, Armand Carabén, habló en elogiosos términos sobre el mánager: "Es un auténtico caballero del fútbol. Pero su lesión en este caso puede más". Tras un acuerdo mutuo, directiva y entrenador separarían sus caminos definitivamente tres meses más tarde, después del 4-3 contra el Valencia el 4 de julio, que significaba una nueva Copa para la entidad. Con exquisita educación pero sin dejar de apuntar que la decisión no fue suya, el británico sentenció: "Creo que rescindiendo mi contrato he prestado un servicio al club, que no podía aguardar a que me recuperase de una operación. No me echan, ha sido un acuerdo entre caballeros". Y lo cierto es que para esa fecha la directiva ya habría movido sus trebejos por el tablero, en lo que sería una jugada de doble ataque.

Desde que a finales del mes de mayo saliera a la luz el estado de salud del ya ex técnico, la prensa había hecho eco de distintos nombres para ocupar el banquillo. Entre ellos sonó el entrenador del Ajax, Rinus Michels, quien aún no era campeón de Europa pero cuyo equipo llevaba varios cursos causando sensación a nivel continental, concretamente desde que golease al Liverpool de Bill Shankly en los octavos de final de la Copa de Europa 66/67. Las negociaciones se iniciaron en aquel momento, todavía sin el influjo que conllevase la posterior conquista europea. Ese mayo, a través de una nota oficial, el Barça mostró preocupación por la salud de Vic Buckingham, comunicó la posterior extinción de su contrato, solicitó el apoyo de los socios y simpatizantes para la Copa y, en el punto segundo, aclaró su intención para el banquillo: "El Consejo Directivo ha iniciado negociaciones con el hasta ahora entrenador del Ajax de Ámsterdam, Sr. Michels, con vistas a la contratación de sus servicios para la temporada 1971-72". Con la consecución del título europeo apenas dos semanas después, el contrato *ajacied* del neerlandés daba a su fin. Aun con una oferta para que continuase del presidente Jaap van Praag sobre la mesa, Michels necesitaba dar un paso más en distintos aspectos de su corta carrera: "Seis años es mucho tiempo en un mismo club. Quiero afrontar nuevos horizontes, nuevas experiencias. Además, mi ficha ha aumentado considerablemente y es lógico que interese beneficiarme de ello". Tras argüir que prefería entrenar a un club, pues "en él es posible desarrollar mejor la labor", rechazó el contrato que le ofrecía la selección de los Países Bajos y, acto seguido, aceptó la suculenta oferta que una entidad como el Barça, saneada económicamente desde que se consiguiese la recalificación y definitiva venta del Camp de Les Corts en 1966, tenía capacidad de ofrecerle.

En una entrevista inmediata al fichaje del técnico, Agustí Montal admitió haber pensado en otros como Arza, Kubala, Helenio o Puskás, pero explicó la contratación de Michels refiriéndose a sus éxitos deportivos y a su personalidad: "No creo necesario destacar las virtudes que nos han impulsado a contratarlo, pues su trayectoria es reflejo de su valía. Su palmarés es toda una garantía. Las referencias que tenemos de él son inmejorables. Es un entrenador duro que sabe capear el divismo de los jugadores. Consciente, responsable, reúne todas las virtudes para triunfar". En efecto, se trataba de un entrenador duro, tanto como para que lo apodasen *De Generaal* o luego la prensa catalana lo convirtiese en Míster Mármol. La apuesta por Rinus Michels como figura central para construir un equipo parecía justificada desde el puro aspecto deportivo, que se defendía solo con ver el juego del Ajax y la victoria en la Copa de Europa. Pero a juzgar por las fechas y los antecedentes de Montal, además de la importancia que este le otorgaba al carácter, reflejada en ese "capear el divismo de los jugadores", la firme decisión de acometer su fichaje encerraba otra prioridad, un denominador común entre Buckingham y Michels, acaso más individual y relacionado a corto plazo con la imagen de la entidad y el rendimiento del equipo: la intención de volver a tener entre sus filas al mejor jugador de Europa. Algo que no sucedía desde tiempos de Ladislao Kubala.

## UN OBJETIVO MAYOR

Tras superar en votos al candidato Pedro Baret y ser elegido presidente el 18 de diciembre de 1969, Agustí Montal Jr. tomó una decisión inmediata en relación al banquillo: cesar a Josep Seguer y designar en su lugar a un Vic Buckingham casi olvidado, cuyo último equipo era el Ethnikos. El mánager inglés había entrenado al Ajax en dos ocasiones, la última en la campaña 64/65. Durante su segunda experiencia en el club *ajacied*, Buckingham hizo debutar a un Johan Cruyff de 17 años, a quien definió como un "jugador que puede romper el partido por sí solo, pero que no es individualista". En su afán por conseguir un plantel de renombre, una de las luchas inmediatas que mantuvo Montal fue contra la Federación Española, en un intento por conseguir que se volviese a activar el mercado nacional, cerrado desde 1962. Tras haber estado ausente en los dos anteriores, ese año la selección española acudiría al Mundial de Chile con una convocatoria que contaba con las nacionalizaciones de Di Stéfano, Puskás, Santamaría y Eulogio, en lo que fue llamado Equipo de la ONU, y caería en primera fase. En la Liga, la clausura del mercado impediría importar futbolistas foráneos para, acorde a la política patriótica del país, tratar de potenciar un producto nacional debilitado. Ya en la presidencia, Montal matizaría su petición: "Creemos que debe abrirse la puerta a los jugadores extranjeros. En cuanto al número, creemos que deben ser uno o dos extranjeros por equipo, pero de reconocida clase". Para finales de la década la apertura parecía inminente y en esas circunstancias, a petición de la directiva, el recién contratado Buckingham voló a Holanda en varias ocasiones para tratar de convencer a Cruyff de su fichaje por el Barça. En la edición del 22 de enero del 70, el diario *Mundo Deportivo* informó de un viaje del mánager tanto a Londres como a Ámsterdam, toda vez que publicaba una nota oficial del Ajax sobre el negocio: "La Directiva del Ajax, equipo que encabeza la primera división holandesa de futbol, ha anunciado hoy que está dispuesta a desprenderse de su delantero centro, Johan Cruyff, a final de la temporada 69-70. El contrato de Cruyff expirará al finalizar la temporada 70-71, pero el jugador afirmó que el Barcelona -y algún otro club español- está dispuesto a abonar por su ficha la cantidad de diecinueve millones y medio de pesetas. El presidente del Ajax, Jaap Van Praag, declaró que el club ha decidido permitir a Cruyff terminar su contrato al finalizar la temporada, 'con el fin de restaurar la tranquilidad en el equipo'". Dos días después Vic Buckingham estaba de regreso en la Ciudad Condal y corroboraría las negociaciones con un escueto "efectivamente, he mantenido contactos con el jugador y con el presidente del Ajax". Ya en marzo, los presidentes españoles consiguieron que las negociaciones con la federación llegasen a buen puerto, reuniéndose de modo oficial para votar un cambio de normativa al que la mayoría parecía dispuesta. En contra de las previsiones, ganó un continuismo que Montal explicó así: "Felicito al Atlético de Bilbao, que se ha mantenido fiel a lo que dijo al principio. Otros clubes han cambiado de camisa en cuestión de días. Sencillamente porque han tenido miedo a que contaran como extranjeros los paraguayos internacionales que tienen. Son los casos del Real Madrid y otros. Esa ha sido la causa de que votaran 'no', cuando en principio estaban dispuestos a decir que sí". Con la referencia a los paraguayos, el presidente hablaba de los denominados oriundos, futbolistas sudamericanos que, a diferencia del resto de extranjeros, la reglamentación sí permitía fichar solo con demostrar que tenían antepasados españoles y que no habían jugado para la selección de su país. Que variase este segundo punto con el cambio de normativa es lo que, según Montal, algunos clubes habían temido. Pese a persistir el mercado inmóvil, en adelante el presidente seguiría su guerra por revertir la situación, sin dejar de expresar sus deseos por contar con un Johan Cruyff que, ante la imposibilidad de salir hacia el Barça, continuó en su club a cambio de una mejora de contrato.

La sustitución de Buckingham por Michels una temporada después sería una muestra de tal insistencia. Como aconteciese en el Barça para 1971, seis años antes Rinus Michels fue el relevo de Vic Buckingham en el banquillo del Ajax. Con Rinus al mando, Cruyff se ganó la titularidad en un ataque junto a Piet Keizer, quien habló de él así: "Si ustedes contemplan sus evoluciones detalladamente, pensarán 'esto lo hago yo'. Pero, amigo, esto solo lo hace él". Para la llegada de Michels a Barcelona, bajo su batuta Cruyff ya había ganado su primer Balón de Oro y, pese a los tira y afloja entre ambas fuertes personalidades, entrenador

y delantero se admiraban. "Se entendían con una mirada, era increíble su conexión", declararía más tarde el azulgrana Juan Carlos, algo que el propio técnico no tuvo reparos en confirmar al decir que eran amigos y solían quedar fuera del ámbito deportivo junto a sus respectivas esposas. Sabedor del ya largo interés de Montal, y para aprovechar el impulso del nuevo entrenador, el periodista José María Casanovas no tardó en entrevistar a un Johan Cruyff que declaró lo siguiente: "Yo le aconsejé que se fuera al Barcelona. Tengo inmejorables referencias de este equipo. Estoy convencido de que triunfará. A mí también me gustaría vestir la camiseta azulgrana, pero si no se abre la importación me tendré que resignar. De todas formas, no pierdo la esperanza de jugar un día en el Barcelona a las órdenes de Michels". En su libro *Cruyff, una vida por el Barça*, Casanovas data la primera visita de Johan a Barcelona en 1967 y significa que quedó prendado de la ciudad, algo que el propio jugador certificó diciendo que, en comparación con Madrid, "los alrededores de la ciudad son mucho más agradables", y que, además, su mujer "podría gozar de la playa y el mar". Junto a su esposa y su suegro y representante, Cor Coster, Cruyff había estado de visita en la Ciudad Condal varias veces más hasta 1970, cuando ambos empezaron a exigir la salida de su club de origen, fotografiándose incluso con la camiseta del Barça. Pero también del mismo modo que sucediese con Buckingham, ya con Michels al mando, Montal volvería a fracasar en su intento por conseguir la apertura del mercado, por lo que tanto la paciencia de Johan como el anhelo del presidente por reverdecer laureles con los mejores futbolistas mundiales deberían alargarse. Sea como fuere, con Rinus Michels se fichaba al entrenador número treinta y uno de la historia del club, que venía a ser el primer campeón de Europa llegado para dirigir una plantilla. Montal dijo que el Barça habría de ganarlo todo para volver a ser el club respetado que históricamente había sido, y Michels correspondió las palabras de su nuevo jefe con el siguiente mensaje: "Me gustaría llevar al Barcelona al primer plano del fútbol nacional, convertirlo en el mejor equipo de España. También deseo hacer un papel brillante en la Recopa, para que el club pueda recuperar el prestigio internacional, un tanto maltrecho en los últimos años". Michels atinó con su declaración, ya que lo cierto es que para principios de los setenta el Barça no era el club referente de España. Así como en la década de 1950 los torneos nacionales se habían repartido entre las dos grandes plantillas del Real Madrid y el C. F. Barcelona, en los sesenta la competición se había mirado desde los ojos del equipo de la capital. Y la aspiración del holandés no sería una empresa fácil, ya que le tocaría heredar más dudas que certezas.

## EL 3-2-5 DEL SARGENTO DE HIERRO, UNA HERENCIA DE TRADICIÓN Y DISCIPLINA

Helenio Herrera se marchó del Barça hacia el *Calcio* al finalizar la temporada 59/60. Tras dos años en el cargo, el Mago dejó dos Ligas, una Copa y "dos" Copas de Ferias (en la primera solo estuvo en el 6-0 definitivo a la selección de Londres y en la segunda ya no estuvo en la vuelta de la final contra la de Birmingham, que acabó 4-1). A la postre, para el club los cincuenta sería la última década gloriosa del siglo. Sin Helenio al mando, el Barça pronto perdió autoridad, pero aún firmó un curso que a punto estuvo de ser histórico. La campaña regular 60/61 fue errática, con el abandono del banquillo de un Ljubisa Brocic que en su adiós aseguró que aquel Barça era un caos institucional y la sustitución por su segundo, el cántabro Enrique Orizaola, quien dejó al equipo en cuarta posición a veinte puntos del Real Madrid campeón. Pero en Europa, Orizaola consiguió sacar el máximo de los astros extranjeros que, ya entrados en la treintena, daban sus últimos coletazos de primer nivel. Con poca participación doméstica y haciéndolos jugar a pleno rendimiento en la Copa de Europa, el entrenador permitió que los atacantes húngaros Kubala, Kocsis y Czibor se unieran a los también veteranos de la retaguardia Ramallets, Gracia, Garay o Segarra, al máximo goleador liguero barcelonista Evaristo o al joven constructor de juego Suárez, para que la maquinaria llegase con combustible a la primera final de la historia del club. Además de ello, en segunda ronda los azulgranas habían derrotado al Madrid pentacampeón de Di Stéfano, Puskás o Gento, lo que supuso la primera eliminación madridista del torneo, tomándose así revancha de la semifinal perdida el año

anterior. El 31 de mayo de 1961, la derrota 3-2 contra el Benfica de Béla Guttmann en la final de Berna convirtió el año azulgrana en desastre y a la vez supuso la extinción del glorioso equipo, que se iniciase con Ferdinand Daucík, el Barça de las cinco copas y su recitada delantera Basora, César, Kubala, Moreno y Manchón (y Vila) y tocase techo con el clan húngaro dirigido por Helenio. De ahí en adelante, la marcha de los veteranos se unió a la restricción del mercado y el cambio no fue superado por la entidad catalana, que entonces presidía el empresario Enric Llaudet. Miró, Kubala, Gonzalvo, César o Sasot pasaron por el banquillo curso tras curso y hasta 1966 solo se había conseguido levantar la Copa del 63.

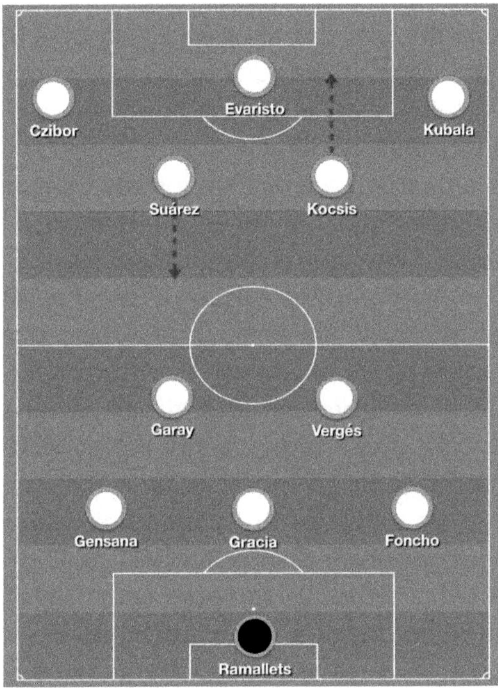


**Foto 1: Alineación de la final de Berna**

Aquella campaña 65/66 sería la quinta en la dirección de Llaudet, cada vez con menos crédito en su cargo. Algún tiempo después, el presidente expresaría su sentir en declaraciones como esta: "Menos orgullo y más humildad. Sí, los directivos, los técnicos, los jugadores y funcionarios se consideran superhombres o poco menos. Más luego resulta que cuando nos azota el viento de la adversidad, no saben reaccionar debidamente". Tras los constantes fracasos del equipo bajo su mandato y ante la imposibilidad de recuperar a un tanteado Herrera, en alza después de ganar su segunda Copa de Europa con el Inter de Milán, su apuesta para el banquillo fue Roque Olsen.

El técnico de origen argentino se mantenía en España desde que en 1951 llegase para jugar en el Real Madrid, habiéndose nacionalizado tres años después. Ya en los banquillos, Olsen continuó con los métodos, el estilo de juego y el sistema imperantes en los equipos españoles de los cincuenta, para conseguir los ascensos a Primera División del Córdoba y el Deportivo de la Coruña o realizar una reciente buena labor en el Zaragoza. Sin ningún título importante, se trataba de un técnico de propuesta tradicional y perfil medio, pero con las cualidades que para la directiva se habían vuelto prioritarias: disciplina y trabajo. La realidad que reflejaba la decisión es que, lejos de analizar la crisis de juego barcelonista desde un perfil deportivo, para 1965 tanto el entorno como los miembros del club centraban la crítica en la implicación de los jugadores, acusándolos de que no se esforzaban lo suficiente debido a su estatus. Por ello Llaudet se despediría con la firma de Roque Olsen, a quien se apodaba Sargento de Hierro por su carácter, y luego de un Salvador Artigas conocido como Míster K. O. debido a su exigente preparación física. Antes de tomar el equipo y establecer normas, como la de fichar al inicio del entrenamiento o impedir a toda persona ajena a la plantilla el acceso a vestuarios, Olsen dejó clara su máxima: "Mi método de trabajo es la disciplina. Que todos pongan, sin reservas, sus afanes al servicio del equipo". El técnico no era partidario de improvisaciones y trató de dotar de solidez al grupo con un trabajo sobre la base del 3-2-5, sistema que diese frutos en el pasado al club azulgrana o que siguiese dándoselos a un Real Madrid que, a diferencia del Barça, había conseguido superar

el cambio generacional y el cierre del mercado a base de dar continuidad a un entrenador, realizar fichajes acertados y confiar en algunos canteranos.

En Europa, el sistema de juego 3-2-5 llevaba establecido desde el ecuador de la década de 1920, conociéndose como WM. Hasta su creación, en el panorama futbolístico reinaba el 2-3-5, llamado la Pirámide de Cambridge y considerado el primer dibujo identificable. Para inicios de los años veinte la normativa del fuera de juego aún era la regla clásica, cuyo texto indicaba que para que el atacante cayese en *off-side* tenía que haber menos de tres jugadores entre él y la línea de fondo. A efectos prácticos, podían quedarse abajo el portero y un zaguero, lo que no conllevaba riesgo alguno para el equipo defensor, ya que tras el atacante que pudiese cometer la ilegalidad siempre tendría un defensa. Así, en las zagas de dos de la época, que un integrante diese un paso adelante era suficiente para que el punta quedase inhabilitado. Algunos equipos habían trabajado tanto esto que cada vez se producían más fueras de juego y, a consecuencia, menos goles. Para combatirlo, en 1925 el reglamento cambió a la regla actual. Ahora sería un solo hombre (el portero) quien pudiera estar entre el atacante y la línea para que se diese la irregularidad. Sin el defensa salvador que antes esperase retrasado, los equipos no asumían el riesgo de que un error de cálculo dejase al punta solo frente al portero, por lo que aquel *estiraba*, con ello *arrastraba* a unos centrales que actuaban en zona y el campo de acción se abría hasta casi el marco rival. Los equipos aprovecharon la situación para mandar aún más envíos largos cerca de la portería rival, donde los tres atacantes centrales quedarían en superioridad ante los dos defensores, y las cifras goleadoras volvieron a aumentar.

En vista de la variación, el técnico del modesto Huddersfield Herbert Chapman decidió combatir los balones colgados al área con el retraso a la zaga de uno de sus tres centrocampistas, concretamente el medio central, estrechando asimismo la distancia entre los medios costales para formar una novedosa pareja de pivotes -más tarde conocidos también como volantes y mediocentros-. Ahora la línea defensiva pasaría a marcar "hombre a hombre", con el nuevo central pendiente del ariete rival y los estrenados laterales junto a la pareja de medios con atenciones individuales sobre los delanteros-alas y los delanteros-interiores rivales, dando forma a una retaguardia en igualdad numérica al ataque contrario. Conocida como WM por las líneas imaginarias trazadas tanto entre los cinco futbolistas de defensa como entre los cinco de ataque, la formación 3-2-5 era realmente un 3-2-2-3 ya que, a fin de reducir el espacio entre la nueva dupla de centrocampistas menos ofensivos y los cinco delanteros, dos de estos retrasaban su posición para ser interiores de ataque, uniéndose más al centro del campo. Ya en el Arsenal, Chapman contó con constructores de primer nivel que permitían surtir de balones a los extremos de manera constante, mediante precisos pases largos o medio-largos, y el contraataque pasó a ser su signo de identidad. En el libro *La pirámide invertida*, el historiador Jonathan Wilson indica que, según Jimmy Hogan, uno de los padres del fútbol de posesión, el nuevo sistema de tres defensas y un centrocampista menos, ausencia que además era la del antiguo pivote distribuidor, supuso la ruina del fútbol británico, porque como otros equipos no disponían de la técnica de los interiores del Arsenal, ponían el énfasis en el pelotazo y despreciaban el juego elaborado. El decano de los escritores de fútbol según *The Times*, Brian Glanville, también criticó el nuevo dibujo de sus compatriotas dado que, en su apreciación, propiciaba el balón largo hacia una naciente figura de delantero centro "tanque", lo que iba en detrimento del control de los partidos y, por ende, del propio fútbol. Opiniones ciertas o no, lo único demostrado es que Chapman y su WM fueron exitosos, extendiéndose el esquema a gran velocidad no solo por Gran Bretaña, sino por casi toda Europa.

Como cada táctica, con el paso del tiempo la WM ganó variantes. Pero aun con ellas, en la mayoría de casos el dibujo tendía a un juego donde la mitad de los futbolistas defendía y la otra mitad atacaba, sobre todo a medida que avanzaban los partidos y el cansancio hacía mella en unos jugadores a menudo carentes de una preparación física de élite. En realidad, se trataba de un intercambio de alimentación entre ese reparto seccionado y claro de los jugadores en el campo, la poca importancia concedida al estado físico y la manera de jugar habitual hasta la época, en la que cada futbolista tenía prácticamente un único cometido según

la posición que sus cualidades le hiciesen tener y dispondría de libertad para desarrollar las labores propias de su puesto. Una concepción que, llevada a cabo por grandes protagonistas sobre el césped en la gloriosa década española de los cincuenta, se denominaría fútbol espectáculo, como así lo apuntase el historiador Carlos Santander en su libro *A bote pronto*. Sería a lo largo de los años sesenta cuando de manera conjunta variarían los sistemas y su rigidez, el estudio táctico, la preparación física y la técnica grupal, nociones consideradas modernas que traerían un juego sujeto a estrategias que aprovechasen todas las facetas del futbolista. Pero aún con los mecanismos clásicos usados por Roque Olsen, el Real Madrid del también tradicional Miguel Muñoz consiguió recuperar la Copa de Europa en 1966, tras vencer en semifinales a un Inter que ya formaba con un actualizado dibujo en el que primaba la táctica defensiva. En el programa *Lecciones de historia*, el central de aquel equipo De Felipe resumió cómo funcionaba el 3-2-2-3 de la llamada generación ye-yé dirigida por Muñoz: "Tratábamos de jugar rápido, sin retener el balón, para intentar llegar pronto al área contraria. De hecho, la primera multa que me puso el Real Madrid fue por pasar el centro del campo con el balón controlado. Muñoz me decía: "Yo no le pido a usted que juegue como su amigo Velázquez. Usted es el último hombre, cuando la corte, se la entrega al que sabe. Es más, lo mejor que puedo hacer por usted es prohibirle pasar del centro del campo". La creencia era que cuanto más tiempo estuviese el balón lejos de nuestra portería, menos peligro para nosotros. Yo era el último hombre, encargado de marcar al punta. No se usaba el hombre libre, que sí pusieron en Italia por si el balón superaba al último defensa. Delante de mí jugaba Ignacio". Por su parte, un Ignacio Zoco que actuaba de medio de cierre pero que en la práctica era más un dúctil cuarto defensa, aportó lo siguiente sobre el modo de atacar: "Al jugar con tres atrás eran muy importantes los extremos, ya que se generaban espacios para la clásica jugada de llegar a la línea de fondo con rapidez y centrar. Fundamentalmente nuestro fútbol era velocidad y verticalidad, siempre buscando a Paco o Amancio". Quizá con la salvedad del "repliegue particular que lo caracterizaba", apunte que añadió el locutor español de la época Matías Prats, aquel Real Madrid no hablaba solo de su

18 años que con su *hat-trick* en el 4-2 de la vuelta aclaró que había llegado para quedarse.

En la edición del 15 de septiembre de la *Revista Barcelonista* (*RB*), en vísperas de la final, Enric Llaudet dejó dicho que "las victorias deportivas son satisfacciones pasajeras". Pero lo cierto es que la consecución de la tercera Copa de Ferias para la entidad permitió que Roque Olsen siguiese en el banquillo, pese a que el año del Barça había estado cargado de altibajos y no mejoraba al de sus antecesores en cuanto a marcar una línea clara a seguir. Un mes después, el Barça caía derrotado frente al Dundee United en octavos de la nueva Copa de Ferias. El contrato de Olsen llegó a su fin tras acabar segundo en la 66/67, a cinco puntos de un nuevo Madrid triunfal, y ser apeado de la Copa en octavos por el Atlético de Madrid. Como récord insignificante quedaban atrás dos años seguidos en el banquillo, algo que no sucedía en Can Barça desde la década anterior.

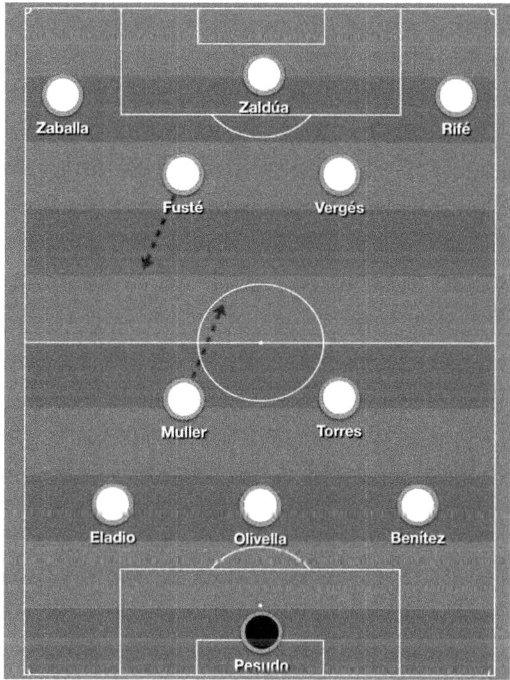


**Foto 2: Alineación modelo de Olsen**

## EL 4-2-4 DE MÍSTER KO, UNA HERENCIA DE INTENCIÓN MODERNA Y BASE FÍSICA

Con su sustituto en el banquillo, Enric Llaudet quiso aliviar la tensión acumulada a lo largo de dos cursos con Roque Olsen, ya que el nuevo técnico, Salvador Artigas, trataba a los futbolistas con tal cercanía que incluso realizaba los entrenamientos al ritmo de ellos. Pereda lo definiría como una persona extraordinaria: "es un técnico magnífico pero, por encima de todo, un hombre noble y sencillo". Mejor persona que técnico decía Chus, seguro que sin doble intención, pero reflejando involuntariamente la carencia de trofeos en el haber del míster. Llaudet presentó al entrenador con un "esperemos que haga comprender a la plantilla que, aparte de ser hombres de clase, deben poner el esfuerzo necesario a que están obligados como profesionales", en otra demostración de que achacaba las derrotas a la implicación más que al juego.

Artigas fue un ex canterano y jugador azulgrana de la década de 1930 que, tras formar parte de la aviación republicana en la guerra civil española, había jugado y luego dirigido en Francia. Con una única experiencia en la Liga, a cargo de la Real Sociedad de finales de los cincuenta, sumaba siete cursos recientes en el Girondins de Burdeos con buenas clasificaciones pero sin títulos, trayectoria que lo calibraba como otro entrenador de nivel medio. A diferencia de los de Roque, por lo menos sus métodos de trabajo eran actualizados. En San Sebastián tuvo a su cargo a José Araquistáin, quien más tarde jugase en el Real Madrid. En unas declaraciones que recoge el periodista Alfredo Relaño en *El País*, el portero se refirió a Artigas como "un excelente preparador físico y dietético, con métodos aprendidos en Francia y adelantados a sus tiempos". En las sesiones que montaba en el Barça, a las que incluso acudía público a ver a los jugadores esforzarse hasta el límite, se veían ejercicios con pesas, halteras, vallas u otro tipo de obstáculos. Junto a largas carreras campo a través, quedaba patente que para Artigas era imprescindible potenciar la fuerza y la resistencia. A los 20 años, Rexach sería uno de los jóvenes que jugarían en la primera plantilla y, tras varios meses a las órdenes de Míster KO, manifestó lo siguiente: "Confío en el equipo por la gran camaradería que existe y por la preparación física y técnica a que nos somete el señor Artigas. He mejorado especialmente en la condición física". En septiembre el técnico aclaró que podía usar canteranos tras serle confeccionada una plantilla con fichajes no demasiado ilusionantes, pero que si se daba esta situación tenían que tener paciencia para que los jóvenes creciesen sin exigirle títulos inmediatos. En un análisis ajustado al aquí y ahora del equipo, Artigas puntualizó lo siguiente: "Lo cierto es que el Barcelona no tiene superclases. No tiene, en la actualidad, aquellos hombres de estilo, de una calidad bien definida que en otras épocas le confería al conjunto una fisonomía singular. Eso sí, tiene unos jugadores todo corazón, que luchan y sufren en el terreno de juego. Pero no hay tanta calidad en la plantilla como parece y se airea". Es decir, contradecía al presidente en lo referente a los acomodados y minusvaloraba, o no, la categoría de los jugadores. Pero para mostrarse comprensivo y paciente estaba un Llaudet que hizo oídos sordos a las palabras del técnico y zanjó la cuestión con un grueso subrayado del objetivo: "Tengo esperanza y fe en que este año por fin podremos conquistar lo que todo socio está deseando: el campeonato nacional de Liga".

En lo puramente deportivo, Artigas trataba de poner en práctica "una mezcla de juego personal y de conjunto, de juego corto y largo, de lo práctico y lo artístico, y, si fuera posible, con una gran efectividad. Nuestra organización de juego estará constituida a base del 4-2-4, porque consideramos que es el que mejor cuadra con las posibilidades de mis jugadores, empero, el sistema es susceptible de sufrir algunas variantes". La definición toca muchos atributos de lo que, como se ha apuntado, para aquella década ya se conocía como fútbol moderno, un juego estudiado, grupal, físico, acelerado, menos posicional, dinámico que pasase por encima de una concepción clásica a la que Artigas se referiría en las páginas de *Mundo Deportivo* del siguiente modo: "Antes había grandísimos jugadores, pero no se estudiaban los partidos como ahora. Antes sabíamos más o menos los que tenían que atacar y los que tenían que defender. Ahora es obligatorio no descuidar a nadie. En mi época, el mediocentro pensaba por los demás, era el maestro directo. Ahora todos son piezas del mismo conjunto. Antes nadie se preocupaba de sujetar al adversario o de controlar el balón. Había más espacios para jugarlo, para pararlo.

Actualmente es la zona central del campo la que ha adquirido más importancia.". Antes de decantarse por la rama táctica defensiva en su paso a Italia, precisamente otro ex técnico azulgrana como Helenio Herrera sería pionero en elaborar un fútbol de corte moderno en toda su amplitud. A inicios de la década de 1960, el Mago publicó *Yo, memorias de Helenio Herrera*, texto donde asegura que en la Francia de finales de los años cuarenta ya trataba de inculcar el "nuevo estilo" a sus equipos, y más a fondo desde que entrenase en España durante los cincuenta. En *Yo*, Herrera habla sobre la evolución del juego: "el mío es un juego de desmarque y preparación física que causó sensación en una España que tan alejada estaba del fútbol moderno por el cierre de fronteras y las malas comunicaciones internacionales. El fútbol que se practica en la actualidad es mejor y más difícil que el de los tiempos heroicos. Los marcajes son más estrechos, la velocidad, es decir, las facultades físicas, han pasado a ser el factor primordial. El fútbol estático de antes permitía esperar el balón; hoy el balón irá contadas veces al jugador si este no es capaz de anticiparse a la acción del contrario, un contrario pegajoso, ineludible, que no deja huecos libres y raramente permite la jugada individual". Con el paso de los años, de aquella embrionaria modernidad saldrían distintas extremidades, pero una noción común a todas las propuestas era que el equipo es más importante que el jugador, idea que H.H. trató de reflejar en el siguiente ejemplo de su etapa en el Barça de las estrellas húngaras: "Czibor me dijo que en el fútbol hay obreros e ingenieros, yo soy un ingeniero y los obreros deben trabajar para mí. Esa frase, que resumía su concepción del fútbol, chocaba radicalmente con mi idea de lo que es el fútbol moderno, donde todos deben trabajar para todos sin que existan jerarquías". En su plan de juego, la importancia que Artigas daba a esa "zona central del campo que ha adquirido más importancia" no se tradujo en poblarlo de futbolistas para dominar o presionar, sino que se reflejó en variaciones desde lo individual y lo físico, como el nuevo rol de Joaquim Rifé. El apodado Quimet era un extremo veloz y resistente, por ello el técnico vio adecuado retrasarlo a la zona de volantes para que marcase al interior rival y, acto seguido, participase en los ataques barcelonistas con penetraciones abiertas por el costado derecho.

El canterano azulgrana de 25 años detalló sus nuevas atribuciones en una entrevista para *Mundo Deportivo*: "Mi puesto es el de extremo. Cuando Artigas me designó como medio volante, a mí me sorprendió. Pero me plegué a la orden. Empecé en Colonia, marcando a Overath. En ese puesto la labor es más sacrificada, no puedo decir que más fácil, aunque en el fondo lo sea porque es más fácil destruir que crear. Pero en el fútbol actual el defensa que tiende a jugar el balón y a doblarse en extremo se erige en peligro para el adversario. Para conseguir eso se requieren condiciones que no están al alcance de todos. Por ejemplo, saber columbrar el momento en que se puede intentar la filtración sin verse sorprendido por el contraataque del rival, y estar bien en lo físico y en el uso de la velocidad debida". Este nuevo papel más defensivo de Quimet se potenciaría en los años venideros, con el paso al lateral derecho para marcar a Gento a las órdenes de Seguer y su definitivo afianzamiento en las zagas de Buckingham y Michels. Por otra parte, el bravo delantero centro Zaldúa también conoció una posición y un papel distintos ya desde la pretemporada, variante de interior que habla del perfil de futbolista que Míster KO necesitaba para su propuesta: "la labor que realizo ahora es menos brillante, más oscura, más sufrida".

Además de sus referencias al estilo moderno, Salvador Artigas citaba con naturalidad el 4-2-4, esquema que aplicaría en el Barça. El uso de este dibujo se había incrementado internacionalmente desde el Mundial de Suecia ´58, tratándose de una evolución del 2-3-5 y del 3-5-2 que, entre otros aspectos, pretendía hacer un reparto más equitativo de los futbolistas en el campo, reforzar la defensa y generar más líneas de asociación. En *La pirámide invertida*, Jonathan Wilson explica cómo el paso de unos sistemas al otro se había producido en Europa y Sudamérica de manera bastante pareja. En la década de 1950, la selección húngara dirigida por Gusztáv Sebes adecuó el esquema 2-3-5 que, gracias a la exitosa Austria de los veinte y los treinta dirigida por los ideólogos Hugo Meisl y Jimmy Hogan, había sobrevivido a la WM en muchos de los países situados a lo largo de la cuenca del río Danubio, cuyos equipos serían integrantes de la conocida como Escuela danubiana. Las escuadras que integraban esta corriente se definían por tratar de hacer un fútbol de combinación, importado

de Escocia y contrapuesto al originario juego vertical de pase largo inglés. Sebes encontró en Lórant el tercer defensa que necesitaba, y en el volante Zakariás la pieza que cerrase una línea de cuatro más aparente que definida. Pero para que esto se diese, lo esencial fue el uso del ariete. En clara emulación de la figura de falso delantero centro que la *Wunderteam* emplease años antes con Sindelar, en su dirección del MTK de Budapest Márton Bukovi había usado a Palotás o a Hidekguti, rol que el seleccionador Sebes acabaría por dar a este último en los Magiares Mágicos. Ese tipo de delantero no solo se retrasaba para aportar en la elaboración, sino que habitualmente partía desde la zona de centrocampistas. Al bajar metros el punta, los interiores quedaban como pareja de ataque central, toda vez que el medio de la parcela que ocupaba el jugador móvil se situaba por momentos en el centro de la zaga, casi incrustado entre los dos defensores, y el otro medio pasaba a ocupar el interior, como un generador más. "A pesar de que los seis atacábamos, nunca jugamos en línea", dijo Hidekguti. En la práctica, el dibujo pasaba a leerse como 4-2-4. Aunque en un trabajo de 1959 el ex jugador y entrenador de River Plate Carlos Peucelle cuenta que, en Argentina, ya desde los años treinta se habían efectuado movimientos por parte de los jugadores similares a las tácticas 4-2-4 y 4-3-3 que no fueron bautizados, en el libro de Rogan Taylor y Klara Jamrich *Puskás sobre Puskás* se recogen declaraciones de los protagonistas húngaros que se proclaman creadores del sistema, por encima de los brasileños que poco más tarde ganarían su primer Mundial aplicándolo. El arquero Grosics explica y opina lo siguiente: "El jugador que desempeñaba el papel de segundo punta tenía que coordinar la estrategia del equipo desde detrás del ataque. Ese fue el sistema que Sebes tomó de Bukovi y lo introdujo en la selección. Empezamos a utilizarlo en 1950-51; cuando se celebraron los Juegos Olímpicos de 1952, ya lo habíamos perfeccionado. Nos dimos cuenta enseguida de lo revolucionaria que era esa táctica, que nadie parecía conocer de antemano; por lo tanto, le resultaba muy difícil defenderse contra ella. Si los ingleses dieron al mundo la formación "WM", nosotros podemos decir que aportamos ese nuevo sistema. Cuatro años más tarde, los brasileños le dieron un nombre que cuajó: la formación 4-2-4. Era la acostumbrada formación táctica húngara, convertida en típicamente brasileña". Por su parte, el comentarista húngaro de la época Szepesi, apunta: "A los brasileños les gusta atribuirse la invención del sistema 4-2-4 y, de hecho, es la formación con la que ganaron el Mundial de 1958. Pero era la misma que había estado utilizando Hungría desde comienzos de la década de los cincuenta. Por cierto, fue la formación que utilizó contra Brasil en el Mundial de 1954, en el que la derrotó en los cuartos de final. Los brasileños utilizaron el sistema 4-2-4 maravillosamente y lo perfeccionaron aún más".

Si Austria y Hungría reflejan la línea de avance desde el 2-3-5, Brasil hace lo propio desde la WM. Como cuenta Wilson, en las primeras décadas del siglo XX el fútbol brasileño se había desarrollado sin rigidez de esquemas, acorde al carácter desenfadado de gran parte de su población. Para la década de los treinta Brasil no había ganado gran cosa como selección, y una dura derrota en su visita a Yugoslavia hizo que se creyese necesario dotar de una estrategia más sólida al combinado nacional. Habiendo sido jugador del MTK de Hogan, el entrenador húngaro Dori Küschner llevaba una dilatada carrera en Suiza, país en el que la WM se había impuesto a la Pirámide. Tras la abultada derrota de la *Canarinha,* Küschner tuvo oportunidad de llevar sus conocimientos tácticos al otro lado del Atlántico. En unas declaraciones recogidas por Pedro Escartín en su libro *Suecia, apoteosis de Brasil*, Küschner apuntó: "yo les aclaro la táctica a seguir, pero jamás la aplican y la sangre caliente de estos jugadores les arrastra siempre hacia la aventura y, en lugar de seguir mis directrices, recurren a la improvisación". Dadas las circunstancias, Dori hubo de aplicar una variante de la WM conocida como WW o 2-3-2-3, dibujo que emplease en la misma década el exitoso seleccionador italiano Vittorio Pozzo, consistente en retrasar al centrocampista eje de la Pirámide no hasta la zaga, sino ubicándolo delante de ella, entre la defensa y el medio campo, usando asimismo a dos delanteros como interiores. Esta solución respetaba más el gusto brasileño por los mediocentros constructores, pero un Küschner que acabaría por ser asesor de la selección brasileña tercera clasificada en el Mundial de Francia ´38, no tuvo suerte a nivel de clubes. En el Flamengo, su ayudante sería un Flávio Costa que tras los malos resultados del húngaro pasó al banquillo. Costa no eliminaría la

táctica, sino que la modificaría con un giro del cuadrado imaginario que formaban los dos medios y los dos interiores. Fruto de la leve rotación, ahora la zaga quedaría con tres defensores de base y un cuarto hombre por delante de ellos ligeramente acostado -origen del término volante-, un cabeza de área que resguardaría a dos interiores más parte del centro del campo que de la delantera, uno de ellos atrasado y escorado y el otro como *punta de lança*. Esta distribución se conoció como la Diagonal, ya que vista desde arriba parecía trazar dos carriles diagonales desde los laterales a los extremos, y supuso una nueva evolución en los sistemas en el camino hacia la distribución espacial óptima de los futbolistas. Ya en la selección, Costa llevó a Brasil a ganar la Copa América de 1949 y al segundo puesto del Mundial de 1950. Unido a los conceptos de defensa zonal que el relevo Zezé Moreira introdujese para el Mundial de 1954, se formaría la histórica Brasil del 58. Esta campeona estaría dirigida por Vicente Feola, quien dos años antes había sido ayudante en el San Pablo del húngaro Béla Guttmann, técnico que en su etapa como jugador estuviese a las órdenes de Hogan. En el ensayo citado Escartín escribió sobre el funcionamiento de aquella selección, observaciones que son fiel reflejo de la flexibilidad de movimientos que el fútbol iba trayendo consigo: "La defensa no ofrecía huecos en ninguna zona y la zaga quedaba como línea circunstancial de cuatro hombres, mientras al puesto en la media dejado por Orlando descendía una veces el móvil Pelé, otras Didí, según la situación". Con los signos de transición de la WM sucedidos en Brasil y los conceptos evolutivos de juego empleados por Guttmann, Feola construyó el 4-2-4 con línea defensiva en zona que hizo a Brasil campeón del mundo por primera vez. En el antedicho libro sobre Puskás, este aseguró lo siguiente: "Guttmann enseñó a los brasileños lo que para ellos era una táctica revolucionaria y aportó más color a su juego. No sé qué importancia tuvo en el posterior desarrollo del fútbol en Brasil, pero ganaron tres de los siguientes cuatro Mundiales. En cualquier caso, Guttmann estuvo un par de años en Brasil y les enseñó la formación 4-2-4". Por su parte, el entrenador húngaro regresaría al viejo continente para, a los mandos del Benfica, vencer al 3-2-5 primero del Barça y luego del Madrid, coronándose así campeón de Europa en 1961 y 1962.

En tiempos de Artigas en el Barça, ese 4-2-4 de pretensión moderna también era usado por Rinus Michels en el Ajax, lo que no dejaba de ser una buena noticia para el futuro azulgrana del holandés. Con su experiencia en Francia y España, Salvador Artigas hubo de avanzar hacia el 4-2-4 desde el 3-2-5, dibujo que emplease en su etapa en la Real Sociedad. Entre 1968 y 1970, con un estilo directo en el que se alternaban envíos desde la defensa a la delantera con pases medio-largos a las rupturas de los atacantes o se veían muchas conducciones y contadas combinaciones en corto en la zona centro, Artigas no consiguió un fútbol estable, pero sí un poso de actividad en los jugadores del Barça que más tarde podría ser aprovechado por los técnicos que vendrían de la mano de la nueva directiva. A las estrenadas funciones de Rifé y Zaldúa se unieron otras variaciones que con el tiempo se asentarían, como los constantes cambios de posición entre ambos extremos o la zaga de cuatro no lineal. Para la *Revista Barcelonista*, la leyenda azulgrana Gustavo Biosca analizó las funciones de ese actual 4-2-4. Desde la figura de Gallego, Biosca definió el puesto de defensa libre y retrasado que Artigas le asignaba en el nuevo sistema: "Su fútbol de fuerza y sus condiciones físicas son factores imprescindibles. Quizá le falte algo de ductilidad en la cintura por el comprometido puesto que ocupa. Sin embargo, hoy en día, la inclusión de un cuarto hombre en la defensa permite un mayor respiro en el momento en que el central es rebasado". Para septiembre de 1968 ya se había producido la repentina muerte del lateral Benítez, y era Franch quien en ocasiones ocupaba su lugar en la derecha, un rol de lateral moderno sobre el que Gustavo diría lo siguiente: "El juego que practica Franch tiene unas características parecidas a las de Benítez. Domina muy bien el balón, su *dribling* es seguro y las escapadas que frecuenta por las alas son siempre peligrosas para el área contraria". Como apuntó Biosca, hasta el momento se trataba solo de escapadas, pero era un claro inicio del tipo de lateral que se vería en adelante no solo en el Barça, sino a nivel internacional. Por último, en la figura del ariete Mendonça, Biosca reflejó una de las visiones más discutibles de la época, lectura que consistía en asegurar que el jugador técnico era lento y pausado por decreto y, por tanto, no válido para un fútbol que precisaba que todo futbolista

fuese incansable. "Mendonça es el jugador más técnico que posee el Barcelona. Sin embargo, continúo pensando que sus características de juego no encajan en el fútbol que se practica hoy en día. Considero que el fútbol moderno necesita algo más de lo que da Mendonça en el campo. Todos los entrenadores coincidirán conmigo en que actualmente el fútbol se basa en la fuera física. Todos los jugadores tienen que luchar y correr durante los noventa minutos. Quizá me equivoque, pero considero que hoy en día sin velocidad, es difícil triunfar", sentenció Biosca. El paso de los años demostraría que esta generalización estaba lejos de ser cierta.

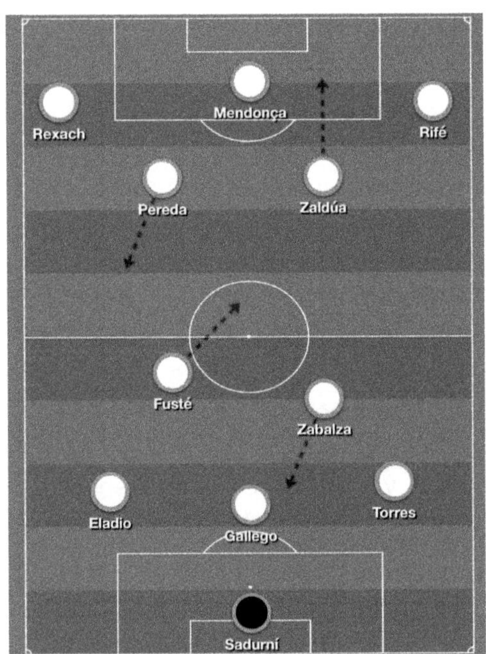


**Foto 3: Alineación Final de Copa**

Con Narcís de Carreras en la presidencia desde enero de 1968, Artigas llevó al equipo hacia una nueva Copa del Generalísimo. En una noche recordada como `La final de las botellas´ por los incidentes acaecidos en el Bernabéu tras la victoria del Barça por 1-0 contra el Real Madrid, el entrenador pudo compensar el malestar barcelonista generado por otra consecución liguera del máximo rival. Como pasase con su antecesor, el curso siguiente las cosas no mejorarían, y los de Artigas obtendrían el tercer puesto en Liga, a once puntos del Madrid. Pero como campeón de Copa, el equipo habría tenido la posibilidad de disputar la conocida como Recopa de Europa de los campeones de Copa, competición creada en 1960 en la que el Barça alcanzaría su primera final. El 21 de mayo de 1969, en el estadio St. Jakob de Basilea los dirigidos por Míster KO fueron superiores en juego al Slovan de Bratislava, pero el 3-2 a favor de los checoslovacos impidió que Salvador se despidiese con la primera Recopa para el club. Con sus declaraciones tras la victoria, Vican, técnico del Slovan, reflejó a grandes rasgos lo que había sido un Barça de Artigas que llegaba a su fin: "El temperamento de los jugadores catalanes les ha hecho jugar a ráfagas, mientras que nosotros hemos sostenido el mismo ritmo desde el principio hasta el final". Algo que coincidía con lo que, sobre el fútbol español, el propio entrenador azulgrana manifestase tiempo atrás: "En general, los equipos extranjeros tiene una contextura más atlética que la nuestra. Los futbolistas españoles tienen el defecto de la inconstancia de mantener su acción durante los noventa minutos. Hay que jugar sin descanso, todo el partido. Aquí hay momentos que están jugando solo tres o cuatro y los demás permanecen impasibles. No hay esfuerzo común continuado. Ese es el gran defecto de los equipos españoles, esta labor que no es continua y conjunta". Aquel Barça fue eso, un equipo que inspirado podía ser imponente pero cuyo juego no mostraba la estabilidad necesaria para prolongarse en el tiempo. Tras un nuevo intento fallido por recuperar a Helenio Herrera que enfrentó a distintos sectores de la directiva, Artigas fue renovado inesperadamente. Pero en tal situación, solo duraría un suspiro de la Liga 1969/70. Su renuncia tras la quinta jornada acarrearía primero la interinidad del técnico del filial Josep Seguer, luego el adiós de De Carreras y a continuación la llegada de Agustí Montal Costa, un presidente con un plan a largo plazo. Gonzalvo, ex jugador y entrenador azulgrana, había hecho un ejercicio de reflexión poco antes del ascenso de Montal a la presidencia, en el que concluía lo siguiente: "Al Barcelona le ocurre que carece de unos esquemas que son esenciales en el juego de hoy día. Todo el mundo se ha preocupado de los fichajes más o menos grandes, pero nadie de crear un sistema que permita aprovecharlos". El nuevo mandatario tendría un arduo trabajo por delante.

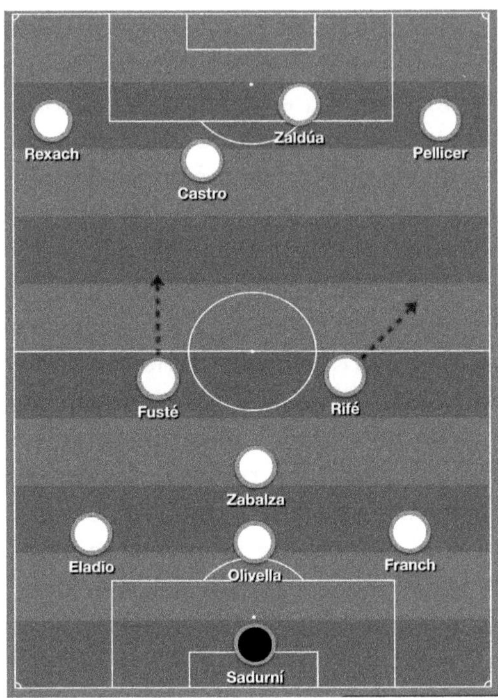


**Foto 4: Alineación final de Recopa**

# Capítulo 2.

## Los pilares de Agustí Montal Costa

El Campeonato Nacional de Liga nació en 1929. Hasta ello, el panorama futbolístico en España constaba de torneos regionales, dándose en los partidos amistosos y en los coperos las ocasiones para que los equipos saliesen a enfrentarse a sus vecinos. En cada zona de un mismo país hay una climatología, una historia, unas influencias y unas costumbres distintas, por lo que en una nación libre el adulto acabará pareciéndose al joven que creció en según qué región, sobre todo en tiempos no globalizados. Que los torneos se circunscribieran a las distintas comunidades permitía que se viesen claramente las cualidades de los futbolistas que cada una de ellas producía, virtudes o defectos que, sin mezclarse con los de otras latitudes, no tenían más remedio que mantenerse. Gracias a aspectos como su conexión directa con el cuerpo del continente europeo por tierra y mar, los intercambios demográficos, comerciales y artísticos con Francia o Italia, la fuerte actividad empresarial, el equilibrado clima mediterráneo o las atracciones de sus costas, Cataluña, y su metrópoli Barcelona en particular, ha sido siempre una comarca abierta al negociante, al trabajador forastero y al turista, de ambiente cosmopolita y actividad en las calles, de labores creativas y miras amplias. El FC Barcelona fue creado por un grupo que integraban jóvenes suizos, catalanes, ingleses y alemanes, las plantillas de inicios del siglo XX las compusieron futbolistas tanto locales como europeos, y de los doce primeros entrenadores del equipo, comprendidos entre 1912 y el estallido de la guerra civil española en 1936, once fueron extranjeros: británicos, austríacos, húngaros. En noviembre de 1931, al poco de estrenarse la Liga y con la república como sistema

nacional, en un *Diario Ara* del municipio catalán de Palafrugell se puede leer una reseña de las personalidades surgidas en el País Vasco y Barcelona, dos de las principales regiones futbolísticas del país cuyas circunstancias definían estilos de juego distintos: "Existe una escuela de juego barcelonista como una de juego vasca, de la misma manera que en Inglaterra, madre del fútbol, son bien distintas y destacables dos concepciones diferentes de juego: juego inglés, juego escocés. La técnica barcelonista, de pase corto, raso, oblicuo y rápido; conexión constante entre los delanteros y los medios, es práctica y provoca euforia en el espectador si la pueden ejecutar once maestros del fútbol. El Barcelona ha tenido, en épocas pretéritas de su largo historial, ocasiones de imponer este juego por delante del juego vasco, hecho a base de piernas, improvisación y vigor físico". En una entrevista para el documental *Historia del Barcelona*, Josep Planas, jugador del Barça en los veinte e innovador técnico azulgrana en los primeros años de posguerra, apuntó lo siguiente en similar sentido: "Decían que el estilo norteño era a base de reciedumbre y pases largos, en cambio, la escuela de fútbol catalán era a base de pases cortos y afiligranados".

La creación de la Liga podía preverse beneficiosa. De manera periódica, el futbolista catalán o vasco llevaría sus cualidades a Canarias, el canario a Galicia o el gallego a Castilla, produciéndose un intercambio de estilos que haría crecer el fútbol español en su conjunto, volviéndolo rico en detalles. Pero la república no fue como se esperaba, y solo siete años después del estreno del campeonato nacional los golpistas hicieron estallar la Guerra Civil, contienda entre hermanos cerrada con la proclamación de una dictadura militar que se extendería desde 1939 hasta 1975, más de tres década donde la libertad no tendría cabida. Sin la posibilidad de cambio que produce un gobierno de partido único, con la creación de leyes coercitivas y el despliegue de peones a lo largo y ancho del territorio se logra que todos los ciudadanos actúen de modo similar, y el resultado es una sociedad tan ordenada como homogénea y sumisa. Ese proceso de dominación social se produciría en España y, dentro de él, el fútbol sería uno de los objetivos prioritarios de los nuevos jefes del Estado. Con la creación de la Delegación Nacional de Deportes de Falange

Española Tradicionalista, el gobierno eliminó las federaciones privadas y locales, y el fútbol nacional pasó a estar controlado por los mandatarios centrales. Entre otras novedades, las directivas de los principales clubes contarían con representantes nacionalistas asignados por el gobierno, a menudo incluso los presidentes. En su libro *De Riotinto a la Roja*, el historiador Jimmy Burns Marañón recuerda cómo el poder hizo del fútbol uno de sus principales medios de expresión e influencia, y cómo el estilo de juego del País Vasco fue reducido a la "furia" y declarado, oficiosa pero claramente, como representativo de una nación cuyo principio fundamental era el pasional orgullo patrio: "En los años 20, cuando empezaron a destacar los primeros futbolistas profesionales españoles, el estilo directo, agresivo y brioso del Athletic de Bilbao fue la referencia, aunque el término Furia que acabaría defendiendo su estilo no debe considerarse originario de aquel club. En aquel momento, los españoles admitían sin complejos que el brioso y agresivo deporte del fútbol tenía sus raíces en Gran Bretaña y en los técnicos ingleses que vinieron a clubes españoles. Las cosas cambiaron con el franquismo, y la expresión Furia Española pasó a formar parte de la nomenclatura del régimen militarista. Como escribiera el diario falangista *Arriba* en 1939, unos meses después de la victoria final de Franco en la Guerra Civil "La Furia Española está presente en todos los aspectos de la virilidad de la vida española, ahora más que nunca... El deporte donde más se manifiesta la Furia es el fútbol, un juego donde la virilidad de la raza española puede encontrar su máxima expresión, imponiéndose casi siempre en competiciones internacionales a equipos más técnicos pero menos agresivos". En el ámbito futbolístico como en cualquier otro, tres décadas de dictadura después a las vivencias de Josep Planas mucho se habían pervertido las esencias en todo el país, y lo genuino de cada zona se sumió en la mediocridad del conjunto. Pero Agustí Montal Costa parecía no negociar sus orígenes. Si a inicios de los cincuenta Agustí Montal i Galobart se despidió de la presidencia con la pesca de Daucík en el Hungaria, el mandato de su hijo continuaría con la apuesta sincera por esos entrenadores de pasión por el fútbol de toque y bella factura que Planas identificaba como natural en Cataluña. Paradójicamente, el primero de ellos sería

inglés. Un Vic Buckingham que tras su paso a los banquillos decidió ir a contraestilo en su país, sería el pilar central del proyecto de Montal: la apuesta por el balón.

## EL *PUSH AND RUN* DE VIC BUCKINGHAM, LA INMEDIATA Y ADECUADA HERENCIA

En la década de 1860, el fútbol nacería en Inglaterra. Sin concepción táctica que lo amparase, la creencia era que, para conseguir el máximo número de goles, el balón tenía que estar cerca de la portería rival a la mayor brevedad posible, sin importar cómo había llegado hasta allí. Con esa premisa, el pase largo desde la portería o la defensa hasta la delantera era el camino más directo, por lo que los oponentes se aglomeraban en ambas áreas esperando a que el esférico pateado cayese del cielo para, en dura y a menudo azarosa disputa, tratar de conseguir el objetivo de su equipo. Este fútbol incipiente se desarrolló con rapidez, adquirió sistemas, conceptos y matices. Pero en la madre Inglaterra, la certeza de que lo mejor era el juego directo a través del pase largo no desapareció, sino que siguió reforzándose hasta ser considerada identitaria del fútbol del país. El llamado *kick and rush* sería el estilo dominante, pero no gozaría de exclusividad. Poco después, en la misma década decimonónica la vecina Escocia desarrollaría un fútbol que compartía la lógica visión de que el balón tenía que estar arriba el máximo tiempo posible, pero que creía igual de importante la transición hasta esa zona. En parte por la consideración ociosa del juego en equipo y en gran medida por el pragmatismo necesario en toda competición, para aquellos pioneros escoceses el pase corto y rápido era el medio más fiable para alcanzar el objetivo de batir la meta oponente. En su mentalidad, la clave no estaba en la posición adelantada del balón, sino en cómo estarían situados los receptores de este y en las condiciones en que el esférico llegaba a los encargados de hacer gol, por lo que el centro del campo tenía sentido. Este tipo de juego se conocería como *combination game*, y tras exportarse al continente por maestros escoceses como John Madden, John Dick y el ya mencionado Jimmy Hogan -influenciado en

las islas como jugador por el técnico escocés Harry Bradshaw y recomendado luego como entrenador en Holanda y Austria por el árbitro trotamundos James Howcroft-, sería la base de la citada Escuela del Danubio que tanto influyó en posteriores propuestas exitosas, como la del propio Michels.

Si bien en Inglaterra el juego de combinación fue minoritario, a lo largo de los años no faltaron disidentes que decidieron apostar por él, certificando con éxitos que la apuesta por el pase corto podía ser tan o más válida que la originaria. Uno de los pioneros fue el escocés Peter McWilliam, quien más tarde sería el mentor de ilustres mánagers ingleses como Arthur Rowe, Bill Nicholson o el propio Vic Buckingham. Tras mamar el fútbol asociativo, McWilliam jugó la primera década del siglo XX en Inglaterra, como volante titular del Newcastle United. Al poco de llegar, en aquel equipo coincidió con el también escocés McColl, excelente delantero que compartía su filosofía de juego. Liderado por ambos inmigrantes, el equipo exhibió un estilo contrapuesto al que se veía en el país de la rosa, un juego solidario de pases en apoyo y rupturas a los espacios libres en el que se pretendía desmontar a los rivales atrayéndolos y separándolos para generar superioridades y huecos, lo que en consecuencia evitaría tanto la aglomeración como el contacto físico, además del sorteo de balón. Un propuesta analizada que se denominaría científica y que, en síntesis, trataba de aprovechar todo el escenario con movimientos e innovaciones, algunas aún circunstanciales y a menudo espontáneas como el tercer defensa en el 2-3-5 que más tarde sistematizara Chapman. Tras retirarse en 1911, McWilliam se haría cargo poco después del Tottenham Hotspur, donde trabajaría ese estilo hasta mitad de los años veinte y dejaría dichas y aplicadas reflexiones como esta: "El jugador ha de ser consciente en todo momento del espacio y la posición que ocupa, del ángulo que tiene respecto de la pelota y su manera de perfilarse". Si bien no consiguió reflejar el buen hacer cuantitativamente, el club londinense le guardaría un especial respeto, dándole de nuevo el banquillo entre las temporadas de 1938 y 1942. Sería en este segundo período donde tendría a sus alumnos más aventajados, los citados Buckingham, Nicholson y Rowe, quienes ya como entrenadores transmitirían lo aprendido a sus respectivos equipos. Una vez

retirado el primero de ellos en 1939, Arthur Rowe, viajaría a dar lecciones sobre su visión del juego a una Hungría que recibía con los brazos abiertos a todo teórico de la pelota. Sus enseñanzas influirían en la dominante selección que solo la guerra impidió que dirigiese, un combinado que se diferenciaría de su antecesora danubiana Austria no en el trato del balón, sino en la velocidad de circulación de este y la decisión de los jugadores al percutir el área rival. En el artículo dedicado a Rowe que el periodista Martí Perarnau escribió para la revista *The Tactical Room* se citan unas declaraciones de quien se hiciese cargo del Tottenham en 1949: "Si un equipo tiene la posesión del balón, es obvio que el otro equipo no puede marcar. Cuando no tienes la posesión, has de tener la posición. Hazlo simple, hazlo preciso, hazlo rápido", teoría que supuso la denominación del estilo como *push and run*. En ese Tottenham, Rowe tendrían en sus filas a un discípulo llamado Alf Ramsey, quien en 1966 se convertiría en el primer técnico en ganar un Mundial con Inglaterra, en una selección que rifaba los balones justos. Para que su estilo colaborativo y moderno fuese aceptado, Ramsey tuvo que enfrentarse a puritanos y flemáticos compatriotas a los que solo la conquista convenció del cambio: "Ahora creo firmemente que el público y los propios críticos aceptan ya la idea de que un equipo de fútbol no está compuesto por defensas, medios y delanteros, sino por un portero y diez futbolistas". Declaraciones que no tardaría en repetir el propio Buckingham una vez en el Barça. Ellos fueron adalides del fútbol asociativo, y de todos, bien por zonas o equipos de influencia o bien por contemporaneidad, se aprovecharía un Rinus Michels que compartía gusto y sensibilidad. Pero las circunstancias de la década harían que no todo fuese fútbol ofensivo.

## EL *COMBINATION GAME* SE ENFRENTA AL *CATENACCIO*

Tras superarse el crítico período de posguerra, el mercantilismo aumentaba a nivel internacional, sintiéndose de manera singular en el occidente europeo. Dentro de ello, el uso de la televisión se extendería durante los sesenta, y la emisión futbolística tendría una acogida especialmente buena. En bonanza, los clubes europeos de mayor caudal invertían en infraestructuras y marketing, toda vez que las empresas se fijaban en ellos para darse publicidad a través de los partidos televisados. El ya nombrado economista Armand Carabén fue el eje del millonario fichaje de Johan Cruyff y uno de los responsables de la ampliación que llevó a cabo el Barça en los setenta, con las inversiones en el nuevo pabellón o la pista de hielo. En una entrevista, Carabén dejó la siguiente comparativa: "desengañémonos, un club, por grande que sea, no es la General Motors ni la Shell. El problema estriba en que la producción de un club de fútbol depende de algo tan aleatorio como el resultado de un juego". Una de las consecuencias negativas de relacionar estrechamente deporte y mercado sería que los buenos resultados acabarían volviéndose imprescindibles para que los equipos captasen la atención de públicos ajenos y, por consiguiente, de empresas inversoras. De perder los partidos, no solo se estaría hiriendo un orgullo de equipo fácilmente recuperable en lo deportivo, sino que la merma principal llegaba en el menguante nivel de ingresos del club, que desequilibraría las cada vez más cuantiosas inversiones. En feroz búsqueda del marcador favorable, las nociones del atrevido fútbol clásico que aún sobreviviesen en los cincuenta se apagarían, y las propuestas más ofensivas del fútbol moderno que, en una suerte de trayecto rectilíneo, fuesen sustituyendo a las anteriores verían surgir una derivación costal centrada en la férrea defensa en campo propio. Esta arista de la modernidad cuyo objetivo principal era no encajar goles sería conocida como fútbol fuerza, estilo que daría frutos desde el estudio de la propia defensa y de unas delanteras rivales que, aún poco trabajadas en lo grupal, serían anuladas con eficacia. La tendencia pasó como un ciclón a lo largo de la década, pero no faltaron representantes que trataban de detener el tiempo oponiéndose a un fútbol duro y táctico que fuese esclavo de lo mercantil. Muchas de las voces contestatarias saldrían de Sudamérica, donde destacó sobremanera la del lúcido periodista argentino Dante Panzeri, temporal director de *El Gráfico*. Según Panzeri, hasta la llegada de técnicos que, sintiéndose más importantes que los propios futbolistas, quisieran satisfacer su ego a base de controlar un juego incontrolable debido a su imprevisibilidad, la influencia de

la dirección en el desarrollo del encuentro no pasaba del diez por ciento, siendo la intuición de los jugadores y no las tácticas la que marcaba el ritmo y decidía el resultado. Además de formar parte del medio futbolístico profesional, Panzeri era un atento lector filosófico, y entre las obras contemporáneas que cayeron en sus manos se encontraba la de Ernesto Sábato, eminente pensador argentino. Sábato diferenciaba entre dos tipos de pensamiento: el mágico, que no evoluciona, surge del inconsciente y se manifiesta desde el corazón a través de una virtud artística en la que tienen un papel preponderante el talento y el impulso; y el pensamiento lógico, que originado en el intelecto sí varía, ya que depende de un estudio racional mejorado con el paso del tiempo. El escritor de *Hombres y engranajes* culpaba de la crisis de valores que parecía ir apoderándose del ser humano al cambio de guía acaecido en la historia desde los representantes racionalistas, empiristas y positivistas científicos, quienes trataron de explicar el mundo a través de la razón, la experiencia, la ciencia o la técnica, lo que acabaría por cosificar a las personas y anularía por completo el sentido espiritual, según Sábato, del cual manan todos los altos valores que permiten enfrentarse a los verdaderos problemas de la existencia. Desde un pensamiento individual mágico, Panzeri consideraba al jugador de fútbol un artista, y estuvo siempre a favor de que su arte fuese expresado sin ataduras. En medio de un mundo matemático y un juego cada vez más científico, Dante promulgaba la no sujeción del futbolista a los movimientos marcados por la estrategia o a cualquier otra consigna que limitase su creatividad, convirtiéndose con sus escritos en defensor del retorno a un juego de libertades y en enemigo tanto del mercantilismo en el deporte como de un *tacticismo* en el fútbol sobre cuya aplicación masiva a partir de los sesenta escribió: "La táctica es el arte que enseña a poner en orden las cosas. Sistema que se emplea disimulada y hábilmente para conseguir un fin: los resultados". Al respecto, sobre su experiencia mejicana a inicios de la década de los sesenta, el Biosca entrenador trazó la línea que separa al fútbol profesional aún con tintes de entretenimiento y al sujeto a un profesionalismo con alta exigencia mercantil: "El fútbol en Méjico está considerado únicamente como un espectáculo. La idea de un club de fútbol es muy diferente a la que se tiene aquí -España-. Ocurre igual en muchos países hispanoamericanos. El público aplaude cuando se divierte; si se aburre empieza a protestar. Recuerdo un encuentro entre el América y el Cruz Azul, dos de los principales equipos del país. A pesar de que la mayoría del público era partidaria del América, cuando el Cruz Azul empezó a mostrar un gran juego, los espectadores se decantaron hacia este último equipo. Por el contrario, el público español sólo va a ver el triunfo de sus colores. Se juega sólo con fines prácticos, olvidando que el fútbol es espectáculo. Esta obligación hace que los entrenadores ordenen la implantación de tácticas defensivas". Como competición que es, al fútbol es inherente el sentimiento que genera la rivalidad, por lo que cuesta imaginar que en algún momento el espectáculo fuese lo único que importase a un público supuestamente imparcial. Pero es sabido que en el alma humana no existe la totalidad, solo las proporciones, y estas dependen de las circunstancias. A juzgar por la apreciación de un Biosca que se estrenase como futbolistas a finales de la década de 1940, veinte años después el aficionado parecía exigir más resultados, y el jugar bien únicamente satisfacía si iba acompañado de triunfo. En un proceso de influencia multidireccional entre el sistema capitalista y tecnificado, la profesionalización del fútbol dentro de él y la evolución de los estudios en un deporte que empezaba a tener una historia considerable, el nuevo espectador pedía victorias a cambio de sus aplausos y el nuevo entrenador procuraba dárselas a cualquier precio, ya que de ello dependía su honra, su carrera y su bolsa. En su relato, el ex azulgrana libraba a Méjico y se centraba en España, pero lo cierto es que la situación estaba lejos de limitarse a su país natal.

Con esta encrucijada de teorías como escenario, para finales de los sesenta venían realizándose reuniones en distintos puntos de Europa, en cuyas mesas se debatía sobre si había que devolver el fútbol a la iniciativa de los jugadores o, por el contrario, habrían de seguir priorizándose los sistemas tácticos. El 18 de diciembre de 1969, Vic Buckingham compareció como entrenador del Barça. Cuando el nuevo mánager azulgrana se expuso a los periodistas, las preguntas parecían evidentes: en lo referente a la deriva del club, la disciplina; en lo relativo a los acontecimientos futbolísticos globales, la propuesta. Tanto al hablar del incómodo

debate que parecía eterno en Can Barça como al hacerlo del juego, Buckingham optó por la diplomacia: "Me gusta tanto la disciplina como el respeto a las piernas de los futbolistas. Me gustaría adaptar el plan a los jugadores, no estos al plan táctico. Quiero respetar la individualidad y la improvisación, aunque con un patrón marcado". Pero el mánager no dejaría lugar a la especulación sobre sus preferencias estilísticas: "Inglaterra es donde se juega el mejor fútbol. Un fútbol vertical. Se llega al área adversa a veces en solo dos toques y el remate final. Por el contrario, en el continente se juega demasiado en lateral, es decir, que para alcanzar el área enemiga a veces los equipos necesitan demasiadas combinaciones. A mí me gusta el fútbol de acción que jugamos en las islas. A través del movimiento continuo del balón, creamos el sentimiento de emoción en los espectadores, los ponemos en tensión, lo cual no se logra con el juego de filigranas. Jugadas de vértigo y remates inesperados que dan paso al gol. Trabajaré para que el Barcelona practique este fútbol. Tiene que correr mucho más el balón que el hombre". Buckingham no tardaría en recordar que "los títulos siempre son consecuencia del trabajo continuo y bien planificado", y lo primero que hizo fue cambiar la rutina de entrenamiento, imprimiéndole intensidad a unas sesiones sobres las que explicó que "la preparación física es esencial. Si las fuerzas no responden, poco sirve la clase de un jugador. Ahora bien, al enfocar los ejercicios tendentes a mejorar la forma física de los jugadores, no hay que olvidar que aquella va a ser empleada cara al balón. Y aplicada al juego del fútbol. Por otra parte, hay que romper la rutina, de modo que los jugadores no solo se limiten a imitar, sino también que el desarrollo de los ejercicios les obligue a pensar, a tener la mente atenta y en plena tensión". En su tentativa de equipo moderno de perfil bregador, Artigas había potenciado la fuerza y la resistencia, y el inglés haría lo propio para mejorar la velocidad que el *push and run* exigía, por lo que montaría entrenamientos largos y duros donde las competiciones de esprint guardaban una importancia central.

Con Buckingham el presidente había apostado por un mánager, figura que en el conjunto catalán no se veía desde finales de los años treinta con el irlandés O´Connell, y que iba más allá de la del clásico entrenador. En Inglaterra los equipos funcionaban como empresas, y en ellos el míster era un activo de la misma que no se limitaba a dirigir la plantilla, encargándose de otros aspectos del club relacionados con el capital. Montal se mostró claro al respecto, con la siguiente declaración: "Hemos dado toda la autoridad a Buckingham. Este señor coge las riendas del equipo profesional y de toda la sección del fútbol. Es un hombre de experiencia no solo futbolística, sino económica". Y poco después encomendando a Buckingham el cometido de conseguir a Johan Cruyff y la coordinación de las categorías inferiores. Como muestra de esa labor de mánager, los partidos iniciales estuvieron dirigidos por un Seguer que seguiría en el club a las órdenes de Buckingham, toda vez que tanto el míster como su segundo, Ted Drake, se dedicaban a observar las condiciones de sus nuevos futbolistas y a estudiar las posibilidades de las distintas plantillas. Un mes después de su arribo, Buckingham ya creía tener todo bajo control, por lo que empezaría a sentarse en el banquillo. Febrero parecía pronto para juzgar sus avances, pero la eliminación contra el Inter de Milán en cuartos de Copa de Ferias sirvió para ver diferentes puntos del nuevo equipo, que se repetirían en lo venidero. "Hemos jugado bajo el patrón 3-3-4, con Gallego como hombre libre", declaró el técnico. En realidad, el dibujo era similar al 4-2-4 que el propio mánager indicó a su llegada como predilecto en sus preferencias, solo que la defensa no formaba en línea, sino con un líbero y un central a distintas alturas. Su homólogo interista, Heriberto Herrera, habló sobre el particular: "El Barcelona ha montado su sistema táctico sobre Gallego, hombre libre en el centro del campo. Ello le ha permitido dominar la zona central del campo. Yo he preferido contar con el hombre libre atrás. Hemos hecho un gran juego, terriblemente práctico. Pusimos en práctica el fútbol que nos convenía, frenar al Barça y salir al contragolpe. Desplegamos un juego premeditado ante un rival muy peligroso". Como contó la leyenda milanista Gianni Rivera para la revista *Líbero*, la figura del libre adelantado la ideó el seleccionador Edmondo Fabbri para la Italia que cayó con drama en el Mundial de 1966: "Fabbri no tuvo suerte. Inventó el líbero delante de la defensa y no detrás. El fútbol italiano habría sido muy diferente, quizás mejor, más técnico, si hubiéramos derrotado a los coreanos". Dado lo puntual de la referencia al

hombre libre, el detalle puede parecer baladí, pero lo cierto es que la posición y sobre todo el rol de esa pieza a la que se refirieron ambos técnicos definía algo importante: la apuesta por un juego de espera baja protegido por el líbero escoba o, por contra, apostar por un fútbol de dominio iniciado desde un libre constructor que, además, trataría de anular el juego rival metros adelante.

Como cuenta el escritor Álex Couto Lago en su *Catenaccio: el arte de defender*, la figura del líbero había alcanzado su cénit precisamente en la década de 1960, con Italia como bandera. Aunque diversas fuentes hablan de que el pionero fue el entrenador del Stade Française de finales de los veinte Robert Accard, es el austríaco Karl Rappan quien está aceptado como artífice del hombre libre defensivo, en gran medida porque, como pasase con Chapman y la WM, fue el entrenador que primero lo sistematizó y llevó al éxito. Con el objetivo común de combatir a equipos poderosos, Accard inicialmente y Rappan en la década de 1930 retrasaron una de las piezas del dibujo hasta situarla detrás de la defensa, con la función de pertrechar la zaga con una suerte de cuarto hombre que *barriese* todo balón que sobrepasara a los centrales marcadores. Como apunta Álex Couto, lo realmente importante es que por primera vez el fútbol pasaba a mirarse desde un prisma defensivo. Al mecanismo de Accard se le llamó *betón* (hormigón), toda vez que el del técnico del Servette o la selección de Suiza se conoció como v*errou* (cerrojo), en evidencia de lo que podía esperarse de ellos. Como indican los historiadores Miguel Lourenço Pereira y João Nuno Coelho en el libro *Noches Europeas*, en los años treinta Italia era una potencia futbolística de primer orden. A nivel de selecciones, la *Azzurra* dirigida por Vittorio Pozzo ganó a Checoslovaquia y Hungría los Mundiales del 34 y el 38 respectivamente con un despliegue de buen juego en su conocido método. En lo referente al fútbol de clubes, aunque no lograse arrebatar a los danubianos las Copas Mitropa, el Ambrosia Inter comandado también por Meazza crecería sobremanera, compitiéndole al FK Austria la edición de 1933. Ya tras la Segunda Guerra Mundial, equipos como el AC Milan del tridente sueco denominado como Grenoli (Gren, Nordahl, Liedholm), que le permitió ganar la Copa Latina, o el trágicamente extinguido Torino de Valentino Mazzola con sus *Scudettos* habían dado a los clubes italianos una consideración fuera de toda duda. Pero las victorias de Brasil o una incipiente Alemania Federal, selecciones que resaltarían en las Copas del Mundo tras el conflicto bélico, y el dominio del Real Madrid desde la creación de la Copa de Europa permitirían que en una Italia venida a menos creciese un estilo de juego donde la figura del líbero defensivo acabaría por asentarse. El cambio en Italia lo inició Giuseppe Viani, ex pivote de aquel Ambrosia Inter subcampeón de Europa, quien, ya como entrenador, para 1948 subiría a la Salernitana a Serie A. En su imitación del *verrou,* desde la WM el técnico retrasó a uno de los volantes a líbero defensivo y, a su vez, bajó a los dos interiores de ataque a la zona media, lo que dibujó el 4-3-3 que sería conocido como *vianema*. Ya en el AC Milan, en la posición de líbero el entrenador italiano comenzó a usar a Cesare Maldini no solo para *limpiar*, sino con órdenes para que, en aprovechamiento de su técnica, sacase el balón jugado. Viani abrió la puerta, pero serían sus continuadores quienes, en plena corriente mercantilista, afianzarían la importación del nuevo modelo de juego, tanto como para que la prensa lo asumiese como *il catenaccio*: jugar a la italiana. Con un estudiado sistema de repliegue defensivo y ataque en torno a la libertad de la estrella Gianni Rivera, el AC Milan de Nereo Rocco frenaría al bicampeón Benfica de Eusebio en 1963 para abrir el dominio del *calcio* en Europa, y en 1969 golearía al primer Ajax de Michels para finiquitar un éxito italiano que durante la década habría recibido varios reveses. Entre medias, recordando que él fue *betón* de Accard, Helenio Herrera prepararía un *catenaccio* contragolpeador para ser histórico con un *Grande Inter* campeón de la Copa de Europa en 1964 y 1965, y finalista en el 66. Propuestas de fútbol fuerza como estas en Europa y, de manera específica, otras paralelas como las de Juan Carlos Lorenzo y Osvaldo Zubeldía en Argentina serían las responsables de la reacción de personajes como Panzeri, pero también tendrían un peso considerable en proposiciones ofensivas de entrenadores como Rinus Michels. Para 1970, así como Heriberto Herrera había heredado el líbero a la italiana y ese "juego terriblemente práctico" que él mismo definiese, un Vic Buckingham consecuente con su idea ofensiva había optado

por un hombre libre que intercambiaba la posición con el central y construía juego, rol que a nivel europeo ya destacaba en la subcampeona del mundo Alemania Federal en la figura de Franz Beckenbauer. El libre creativo sería importante en el Barça de Buckingham, pero en el de su sucesor Michels sería capital. Además de los primeros signos del estilo, la derrota en Ferias llevó aparejada unas declaraciones de Agustí Montal que, entre la comprensible frustración, dejaban entrever la importancia del segundo de sus pilares. "Hay que ir a por la reestructuración total del equipo. Cuando menos, una vedette de fama mundial vamos a incorporar a final de temporada". Se trataba del pilar de la grandeza, que debía representar el fichaje de estrellas como Johan Cruyff. Tras comentar lo siguiente en el mes de marzo: "Aún no he podido determinar un plan táctico definido. Sigo intentando descubrir las cualidades de los chicos para acoplarlas a un esquema definitivo", el míster acabaría la Liga con un nuevo Barça perdedor. Pero Montal había aclarado que su idea era tener "un proyecto de cuatro años", por lo que el técnico contaría con algo más del tiempo que había solicitado. Como mánager, en la planificación para la temporada 1970/71 Vic Buckingham tendría mucho que decir, pero hubo una importante novedad estructural en el club en la que el presidente tuvo que coger el toro por los cuernos.

## REESTRUCTURAR EL FILIAL

En diciembre, de la mano de Buckingham había llegado Ted Drake, mientras que el presidente recuperó para el club al ex portero Ramallets. En palabras de Montal, la distribución inicial de funciones quedó de la siguiente manera: "Seguer se ocupa de los dos filiales, y Drake lo hace de los infantiles, juveniles y aficionados. Ramallets tiene la misión de vigilar la aparición de nuevos valores, en conjunción con Drake". Por su parte, Vic Buckingham puntualizó lo acordado diciendo que "vamos a dedicar un interés especial a la cantera, a ese semillero de jóvenes que un día no lejano pueda dar al equipo un signo netamente regional. Política que, según me han dicho, trazan los equipos vascos y, de manera singular, el Atlético de Bilbao. Cuidará de esa promoción de promesas mi gran amigo Ted Drake". Lo cierto es que a lo largo de su historia el Barça había prestado especial atención al control de los jóvenes de Cataluña, con varios especialitas dedicados al rastreo y otros al desarrollo de ese "signo netamente regional" del que le hablasen al míster. Si bien los equipos españoles se llenaron de extranjeros en los períodos de mercado tolerante, y en gran medida gracias a ello triunfaron en Europa, la realidad actual era que la plantilla del Barça contaba con mayoría catalana y ningún jugador foráneo.

El fútbol base azulgrana nacería en 1901, solo dos años después de que Hans Gamper fundase el club. De entre quienes iniciarían el proyecto ha de recordarse a Udo Steinberg en la primera década del siglo, jugador del club y redactor del periódico catalán *Mundo Deportivo* sobre quien el periodista del mismo diario Xavier Muñoz dijo que "fue pionero al crear una 'protomasía', la primera escuela de fútbol del Barça". Así como al húngaro Jesza Poszony ya en los años veinte, técnico sobre quien en la web oficial del club se lee que "en 1918 fue el primer entrenador contratado para dirigir el fútbol base barcelonista, concretamente esos cuartos equipos, que eran los que nutrían de jugadores al equipo amateur". Este tuvo entre sus filas al arquero Ramón Llorens, quien tras retirarse en los años treinta continuaría una labor de preparación en las inferiores de la que más tardé habló para *Mundo Deportivo*: "allá por 1923, el club contrató los servicios del entrenador húngaro Ponzoni, que se dedicó a enseñar el fútbol a los niños. Yo fui un observador de su labor, que después aplicaba a los chicos de la barriada de Pueblo Seco. Ponzoni entrenó al Barcelona un par de años, su sucesor fue un ex jugador de nuestro club, auténtico apóstol del deporte, Reguera, que realizó una gran labor en la formación de aquellos "cuartos equipos" de grata memoria. Cuando terminó mi contrato como jugador en 1934, que coincidió con la marcha de Reguera, se inició mi labor como preparador de infantiles. De los jugadores actuales, Estrems, Biosca, Bruguć, Olivella, Gracia, Bosch, Vergés, Manchón, Aloy, Duró, Tejada, Murillo... se iniciaron bajo mis órdenes, el preparador ha de ser un hombre joven, de ahí que la Directiva haya considerado que mis servicios puedan ser más útiles como supervisor teniendo en cuenta mi experiencia juvenil de esta labor, teniendo a mi lado a Josep Boter, cuidando

de los entrenamientos el ex guardameta Montserrat y el ex defensa Sasot". En su declaración Llorens cita a muchas figuras importantes, pero entre ellas cabe destacar la labor de Josep Boter, juzgándose su dedicación, rentabilidad y longevidad en el club. Después de sus inicios como delegado, Boter pasaría al puesto de ojeador en la década de 1930, encargándose de identificar el talento naciente en la comunidad para llevarlo al Barça. En un artículo para *The Tactical Room*, el periodista Jaume Marcet recoge elogiosas declaraciones de Fusté, Olivella, Pujol, Martínez o la siguiente de Carles Rexach, uno de sus últimos descubrimientos: "Josep Boter me fichó para el Barcelona cuando yo era un niño. Se pasaba los fines de semana viendo partidos por toda Cataluña, y así descubrió a los mejores de las décadas de los 50, 60 y 70. Una vez hubo un entrenador que no comprendía mi manera de jugar y Boter le dijo que, mientras él estuviera en el club, yo iba a jugar. Sin él no hubiera llegado al primer equipo. Fue el maestro de Oriol Tort. Tort impulsó el fútbol base sobre todo en las categorías más pequeñas, pero todo lo que aplicó Tort lo aprendió de Boter". El referido Oriol Tort fue un ex jugador que también tuvo un papel preponderante en el filial, en este caso como entrenador de las distintas categorías desde 1959 hasta 1977, cuando pasaría a ser coordinador y ojeador del fútbol base. En una entrevista publicada en el boletín oficial informativo del club a mediados de los setenta, el propio Tort habló de su trayectoria y del alcance de las inferiores: "llevo muchos años cuidándome de esta cantera. Recuerdo que entrenaba a Rexach con 13 años. El Barcelona en primer lugar le da formación deportiva y enseñanzas a nivel futbolístico, y en segundo término también se interesa por sus estudios y su formación intelectual". Todos ellos hasta las llegadas de Montal y Buckingham, y otros de quienes se hablará más adelante ya con Michels en el banquillo, han sido, desde la sombra, parte igual de importante para el club que el resto de sus personajes públicos.

Agustí Montal veía tan útil esa estructura de club que quiso hacer de la tradición uno de sus pilares: "Haber comprendido que la cantera catalana es importante, y que más lógico es que la aproveche el Barcelona que otros clubes. A los jugadores de nuestra tierra que despuntan hay que darles la máxima oportunidad. Un orgullo para nosotros es que varios de estos ases han sido formados en nuestro club, como los casos de Rexach y Pujol, que empezaron en nuestros infantiles". Las declaraciones muestran el interés en las inferiores, pero sobre todo apelando al sentimiento de pertenencia regional. En cualquier caso, con esta lógica canterana como base, Montal pronto se dio cuenta de que, incluso con su confianza en el fútbol de Buckingham, quizá no había sido la mejor idea encomendar la gestión de las inferiores a un entrenador inglés, quien desconocía el funcionamiento de las distintas categorías, la cultura, el idioma de los preparadores o lo que podía ofrecer la ingente cantidad de futbolistas de una cantera que contaba con infantiles, juveniles, un equipo de aficionados y dos filiales directos: el C.D. Condal y el Atlético de Cataluña. Para el inicio de la campaña de 1970 Montal decidió replantearse la situación, lo que le llevó a rectificar algunas decisiones.

Como cuenta su cercano Martí Perarnau, cuando en el año 2007 Josep Guardiola empezó su andadura como entrenador en el club el Barça Atlètic acababa de descender a Tercera, lo que supuso la desaparición del Barça C. Lejos de lo que pudiera parecer, a su llegada al Atlètic Pep vio positivo el cambio, ya que la existencia de un único filial haría que a este solo llegasen los juveniles más preparados y motivados, prescindiéndose de ese peldaño de "acomodación" que suponía el tercer equipo. Y los resultados parecieron darle la razón. Para la 70/71, la rectificación principal de Agustí Montal fue el cese de Ted Drake: "Hemos decidido que el puesto de ojeador de jugadores y coordinador de equipos debe estar ocupado por una persona de aquí". Y la modificación más destacada sería la fusión de los dos filiales, que por entonces compartían categoría de bronce. Seguer pasaría a encargarse de un segundo equipo nacido como Barcelona Atlético, filial que vería reducida la nómina de futbolistas a la mitad, lo que aumentaría la exigencia para formar parte de la plantilla. En una entrevista para la *RB*, el técnico aclaró el objetivo: "Por encima de todo, nuestra misión es la de preparar a nuestros jugadores para nutrir el primer equipo del Barcelona". Por su parte, Viladomiu, nombrado presidente de un club que, pese a su filialidad, en las gestiones funcionaría como una entidad relativamente autónoma, declaró en la edición del 4 de agosto de la citada revista que las principales

decisiones las tomaba el Barcelona y que, en la parte técnica, el club sería una continuación de los sistemas de Buckingham. A diferencia de las anteriores palabras del presidente, aquí sí se reflejaba el sentido futbolístico de la nueva estructura: preparar a los futbolistas en los mecanismos de juego del primer equipo. En concordancia con la reestructuración, Drake haría las maletas y como segundo entrenador del primer equipo quedaría Rodri, otro ex jugador del club y referente en las inferiores hasta esa fecha. Vic Buckingham empezaba un curso completo con la ausencia de extranjeros y la posibilidad de beneficiarse del nuevo Barcelona Atlético, algo que parecía tener bien asumido: "Creo, sinceramente, que me han renovado contrato por lo que pueda hacer, no por lo que he hecho. El equipo no ha mejorado bajo mis órdenes, pero ahora conozco a fondo a los jugadores de la plantilla. Lo fácil es ficha a diez jugadores cada temporada, pero yo quiero hacer triunfar a los jóvenes de la cantera, como en otros tiempos".

Nada más echar a rodar, el nuevo Barça perdió el primero de sus Joan Gamper, trofeo creado en 1966 para honrar al fundador y aumentar las ganancias en un fútbol donde los torneos de verano estaban muy considerados. El Dinamo de Moscú dirigido por Beskov le infligió una dolorosa derrota por 5-0 que hizo temblar los cimientos. Pero pocos partidos después, Buckingham se mostró satisfecho con lo avanzado y optimista en lo referente a las posibilidades de sus jugadores. A poco más de una semana del inicio de la Liga, el mánager habló sobre su sensación en unas declaraciones que asimismo reflejan sus modelos y preferencias futbolísticas: "Tengo la columna vertebral del equipo. Tengo a un Groscis, a un Lórant, a un Bozsik y a un Hidekguti. Dispongo de nueve futbolistas con corazón: Reina, Rifé, Gallego, Torres, Eladio, Romero, Zabalza, Juan Carlos y Asensi. Tengo la esperanza de que otros como Rexach. Castany, Marcial, Pujol o cualquier otro consigan fundirse con el conjunto". Excepto García Castany, todos fueron clave durante la temporada, por lo que parece que se fundieron. Como había pronosticado el inglés, el equipo empezó bien la Liga. La primera derrota oficial no llegó hasta finales de octubre, con la eliminación de la Copa de Ferias frente a una rejuvenecida Juventus entrenada por el ex líbero del *Grande Inter*

Armando Picchi. En palabras de Rodri, "un clásico equipo de Italia. Con un sistema 4-4-2 con defensa "líbero", naturalmente". En adelante, la regularidad de juego y resultados acarreó halagos de un entorno que parecía ver en su Barça a ese equipo reconocible y dominante que tanto se añoraba. El delantero centro Dueñas, uno de los fichajes del curso, esbozó la receta del éxito: "Lo mejor del equipo es que funciona como un auténtico conjunto. Tiene sentido posicional y de desmarque", y el técnico la completó con un "yo intento, por ejemplo, que un centrocampista no se limite a correr tan solo por el centro del campo, mejor dicho, a mantener una posición estática, sino todo lo contrario, procuro imbuirle la idea de que ataque y defienda. Estamos jugando a base de velocidad y rapidez, como se debe jugar siempre". Un empate a domicilio contra el Atlético de Madrid de Marcel Domingo haría que la Liga fuese a parar al Valencia de Di Stéfano. La revancha contra los valencianistas en la final de Copa dejaría a un equipo ganador, inercia que podría aprovechar Michels. Pero el legado importante que recibiría el holandés estaría relacionado con el juego, tan mejorado como similar al que él querría importar. Para conocer lo que fue el último Barça de Vic Buckingham hay que atender a la pluma de Carlos Pardo, uno de los más certeros analistas de la época: "El Barcelona exhibió el magnífico tapiz de fútbol abierto, variado, rápido, buscando zonas y espacios libres. Un fútbol que, siendo realista y práctico, entusiasma por su belleza y por la serie insólita de situaciones de gol que crea. Contra los que algunos profetas han predicado en nuestro fútbol, la pelota no es para guardarla, tenerla, sino para jugarla, aun con riesgo de perder el gran talismán del fútbol. Sadurní, Gallego, Marcial y Rexach forman un auténtico eje de oro, una perpendicular perfecta. Ahora se juega de otra manera, con otra fe, con otro estilo y con otra táctica. El Barcelona del setenta tiene, ante todo, garra. Técnica y tácticamente, el Barcelona ha sido conducido con buena mano hacia la buena fuente de fútbol inglés. Un fútbol de base sencilla, pero que cree todavía en lo ofensivo, en el pase largo, en el balón desplazado a un espacio -el "rayo de luz" de Rifé- abierto por el que sube un defensa. Un fútbol que, sin olvidar la coraza defensiva, hace jugar a sus zagueros con mentalidad de ataque, y de ahí este espíritu bien visible, no sólo en Rifé, sino

también en Gallego, que está haciendo algo grande, ser central cuando hay que serlo y medio centro distribuidor a la antigua cuando es necesario, y en Torres, perfecto alfil del contraataque". Rapidez, táctica; fútbol moderno: todos hablaban de ello. En unas declaraciones que no extrañan en su similitud con las de Alf Ramsey, Buckingham dejó su previsión y una sentencia: "En el fútbol moderno el único jugador especializado es el guardameta. El resto tendría que saber moverse en todas las zonas del campo. Si ello fuese así, el fútbol alcanzaría una tremenda espectacularidad. Jugar bien es la única forma de alcanzar éxitos". Rinus Michels abandonaba el Ajax y se decidía por un club con la capacidad del Barça para intentar que su fútbol alcanzase esa "tremenda espectacularidad".

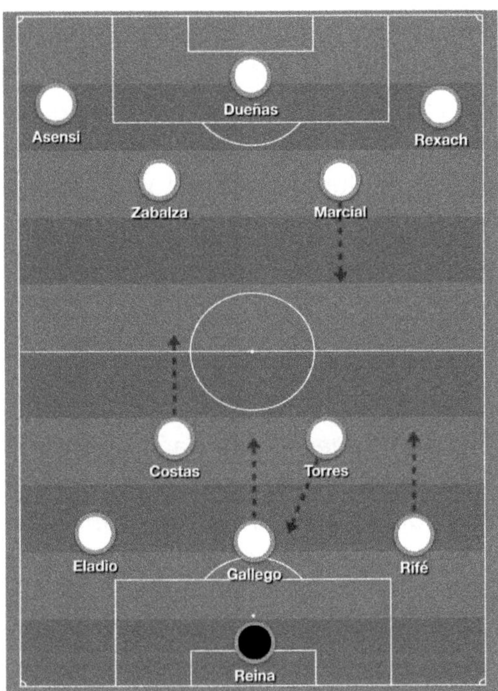


**Foto 5: Alineación Final de Copa**

# Capítulo 3.

# El fútbol de Michels desde Holanda

En 1971, Michels saldría de una democrática Holanda para entrar en una España donde la dictadura menguaba, pero que con más de tres décadas a pleno rendimiento sus principios estaban bien asentados en el comportamiento de los ciudadanos. Para el nuevo entrenador de un Barça que, además, solo contaba con jugadores nacionales, este contraste social era una realidad que indubitadamente habría de reflejarse en el desarrollo de su genuina propuesta de juego. Por supuesto, Michels no era el único entrenador extranjero que llegaba a España desde una sociedad distinta. El francés Marcel Domingo, el brasileño Otto Gloria, el alemán Max Merkel, los británicos Ronnie Allen o el mismo Vic Buckingham eran ejemplos que, recientemente, habían sabido sacar rédito a sus equipos españoles. Pero en lo deportivo, el holandés no se parecía a ninguno de ellos, como tampoco a sus antecesores cercanos Olsen o Artigas. A tenor del juicio de los tiempos sobre su Ajax y su Holanda, hoy sabemos que Michels fue un técnico especial, alguien que verdaderamente cambió la historia del fútbol, y no lo hizo desde los títulos, sino desde una manera concreta de jugarlo. Además de la notable preparación técnica, táctica, física y mental de sus jugadores, que bien podría compartir con algún otro entrenador moderno, para alcanzar la evolución hacia ese fútbol total que obró, el neerlandés tuvo que nutrirse de algo definitorio: la sociología. Respetar y potenciar las jóvenes personalidades de una sociedad holandesa que poco antes tornase en rebeldía sería una labor central en su éxito, tanto como antes lo fuese el buen trato a las esencias del jugador argentino que triunfara en América en los años cuarenta

y cincuenta o del brasileño que conquistase el mundo durante los sesenta y hasta 1970. Esencias todas ellas que nada tenían que ver con las substancias inmanentes que Aristóteles agenció a cada ser o cosa, sino que surgieron y se afianzaron en una dialéctica terrenal que relacionaba aspectos geográficos, climatológicos, sociales, económicos o históricos, bien propios o bien llegados desde fuera en forma de influencias. En una entrevista para el canal oficial del FC Barcelona, el ex entrenador azulgrana César Luis Menotti fue preguntado sobre el punto principal a considerar en la dirección de un equipo. Sin dudar, el técnico que recuperase la raigambre nacional para llevar a Argentina a su primera Copa del Mundo, contestó lo siguiente: "Lo más importante es entender al futbolista según su lugar de origen. No es lo mismo un futbolista alemán que uno brasileño. El entrenador que no profundiza, que no busca qué siente el jugador, está perdido". Tras ganar el Ajax su primera Copa de Europa, que sumada a la del Feyenoord un año antes hacía la segunda del país, en la *RB* Theo Stolz escribió: "Las diferencias en el carácter de los pueblos, en su forma de vivir y en sus condiciones físicas aseguran que siempre habrá algo propio en cada estilo. Esto es lo que distingue a la escuela holandesa". Menotti priorizó lo antropológico, y en gran medida desde esas nociones sociales y culturales construyó Michels el fútbol holandés identificable al que se refirió Stolz, y desde donde probablemente no consiguió que lo que por momentos llegó a ser un buen Barça marcase una época a la altura de las cualidades del personaje. Por ello, para entender lo que sucedió durante la dirección de su Ajax no cabe otra que repasar someramente la historia del país, situación que a lo largo del texto habrá de ser comparada con su experiencia en España.

## DE CÓMO CAMBIÓ HOLANDA Y EXPLOTÓ EL AJAX

La Holanda en la que Rinus Michels surgía como entrenador era una monarquía constitucional, en la que tanto los miembros de la Corona como la mayoría de los habitantes abrazaban un pensamiento protestante que llegase al país tres siglos atrás. En dicha organización política, la influencia de los distintos reyes estaba controlada por los ciudadanos, con una división de poderes que equilibraba los estamentos sociales. En el siglo XX, tanto en la Gran Guerra como en la Segunda Guerra Mundial el país se había declarado neutral, pero durante la contienda que finalizó en 1945 sería invadido por unas tropas aéreas alemanas que destruyeron Róterdam, viéndose obligado a capitular y, ya bajo la opresión nazi, convirtiéndose en cómplice de la purga judía en su territorio. Tras la liberación por parte de las naciones aliadas, Holanda quedó dentro de la delimitada zona occidental de Europa, en los dominios de unos Estados Unidos que pronto activarían el Plan Marshall de ayudas para revivir las economías europeas bajo su influencia. Con la monarquía restablecida tras el conflicto, empobrecido por la guerra y golpeado en 1953 por una inundación que se llevó miles de vidas y generó nuevos gastos, el país neerlandés andaba sumido en un letargo. Las tradiciones y el conservadurismo se mantenían, y los ciudadanos no daban señales de querer aspirar más que a vivir en paz y superar las crisis. En su libro *Brilliant Orange*, el escritor británico David Winner recoge unas letras del semanario *De Groene Amsterdammer* que resumen la realidad social de Holanda en los años cincuenta: "Amsterdam era desesperadamente aburrida. Todo el país parecía tan limitado y viejo. Un país anticuado, aburrido, sin importancia y gris, un pequeño país puritano, lleno de culpa, sombrío y calvinista". No cabe duda de que era un territorio estancado, pero seguía tratándose de un país libre y abierto al exterior, no de uno controlado de arriba abajo, con firmes leyes coactivas, cerrado hacia sí mismo y sin opción alguna de expansión personal, como era la dictatorial España. Por ello, aunque en lontananza, la posibilidad de que en cualquier momento algo cambiase seguía ahí. Y aunque pareciese inimaginable dadas las circunstancias, el cambio llegaría en la década siguiente.

Además de las inyecciones económicas del Marshall, tras más de un lustro de correcto funcionamiento de un Plan Delta destinado a la reestructuración y mejora de los diques destrozados por la catástrofe natural, para los años sesenta la recuperación económica parecía un hecho. Con este imprescindible sustento que cubriese las necesidades básicas, la tasa de natalidad aumentó y los habitantes escalaron la Pirámide de Maslow. A

través de unos medios de comunicación en alza a nivel global, las tendencias contraculturales que surgieron en Estados Unidos con la lucha por los derechos civiles, la crítica a la televisada guerra de Vietnam o la creación de comunas hippies que demandaban paz, amor y libertad individual, pasarían por Reino Unido en forma de potente subcultura musical y acabarían por alcanzar a las nuevas generaciones holandesas. Unas juventudes que no habían vivido la guerra, por lo que quedaban atrás los dramáticos sentimientos que la contienda grabase en sus mayores. En el mismo libro, Winner recoge unas declaraciones en las que el entrenador juvenil de la época Karel Gobler se refiere a la influencia cultural que bandas musicales como The Beatles o películas americanas como la estrenada en 1961 West Side Story causaron en la sociedad de los Países Bajos, responsabilizándolas de despertar la imaginación y traer alegría en unos jóvenes que ahora "veían color en un mundo hasta entonces monocromo". Jóvenes futbolistas del Ajax declararon sentirse llevados por la música, como Hulshoff o un Cruyff que aseguró que toda su generación escuchaba "los Beatles, eran diferentes y hacían lo que querían. Yo hacía lo mismo en el fútbol". En *Brilliant Orange*, Gobler cuenta así su propia experiencia: "Había más libertad. Había muchos negocios nuevos en los que podías trabajar un sábado. Antes los jóvenes tenían que llevar su dinero a casa, pero ahora podían conservarlo, y lo usábamos para comprar discos, boletos para partidos de fútbol, ciclomotores " Como luego sucediese en Francia en el fugaz Mayo del 68, la revolucionaria mentalidad que surgía se expresó vivazmente en las universidades, expandiéndose desde allí un ambiente protestantil. A través de charlas, exposiciones, festivales o manifestaciones, pensadores, magos y artistas individuales o grupos de influencia, bien pacíficos o bien violentos, se hicieron visibles desde la capital, extendiéndose con rapidez una nueva manera de sentir por las principales ciudades del país. Era la expresión de ideas a veces realistas y otras utópicas pero que, en cualquier caso, como dijese el poeta Eduardo Galeano, servirían para caminar. Cada vez en mayor número, Holanda contó con personalidades liberales que creían en el desarrollo del sujeto, experimentaban con el yo a través de determinadas drogas, defendían preocupaciones novedosas como las ecologistas

o hablaban en público de temas tabúes como el sexo. En septiembre de 1970, los futbolistas argentinos de Estudiantes de la Plata viajaron a los Países Bajos para disputar el partido de vuelta de la Copa Intercontinental, que les medía al Feyenoord. Desde 1966 Argentina vivía bajo la dictadura del general Juan Carlos Onganía, quien tomase el control tras un nuevo golpe de Estado. Con una anécdota, el Carlos Salvador Bilardo jugador refleja en su autobiografía la diferencia entre las sociedades argentinas y holandesas de la época en materia de tolerancia: "Una de las cosas que recuerdo de ese viaje a Holanda fue que, una tarde paseando por Rotterdam, entramos en un *sex-shop*, una novedad absoluta para nosotros. En nuestro país no existían en ese entonces ese tipo de negocios. Después de chusmear, varios de nosotros compramos películas eróticas, que estaban muy de moda en Holanda. Cuando de vuelta estábamos a punto de aterrizar en el aeropuerto de Ezeiza, alguien nos dijo que esas cintas estaban prohibidas en Argentina y que podíamos tener un problema en la aduana, porque se había publicado un chimento al respecto en cualquier periódico". Las nuevas generaciones holandesas se mostraban tan prestas al cambio como contrarias a todo lo que sonase a viejas costumbres o modos de vida, entre ellos el de conducir su existencia por los senderos divinos que habían guiado a los ciudadanos siglo tras siglo. Precisamente otro de los puntos discordantes entre Holanda y España radicaba en un pensamiento religioso que, para la primera mitad del siglo XX, aún influía sobremanera en lo social. Una diferencia entre protestantismo y catolicismo que, como la política, también tuvo gran responsabilidad en la ruptura acaecida en aquella Holanda, y cuya influencia se explica desde la heterodoxa génesis del propio protestantismo.

Echándole valor al asunto, a inicios del siglo XVI un defraudado fraile alemán llamado Martín Lutero se opuso a varios extremos de la Iglesia católica que consideraba falsos y con finalidad abusiva, como el cobro de indulgencias por los pecados cometidos para poder salvar el alma, la autoridad del Papa y la inacabable jerarquía eclesiástica representante de Dios en la tierra, o la intercesión de santos, vírgenes y arcángeles entre la persona y Cristo. No sin dificultades y gracias en buena medida a la creación previa de

la imprenta, Lutero sorteó una muerte que se pagaba barata y consiguió que su promovida oposición ganase adeptos: nacería así el pensamiento protestante. Para los seguidores de este, creer en Dios y en las lecciones de la Biblia como recto trayecto hasta la salvación era indiscutible, pero la religión se trataba de una cuestión personal, que empezaba en uno mismo y acababa en el templo de su lugar de residencia, siendo las imposiciones de la Iglesia falacias con el solo objetivo de enriquecer a los superiores y minimizar a los fieles, en un claro mecanismo de dominancia. El núcleo de personas que se identificó con ello fue en aumento, hasta que su dimensión y la presión de los principales referentes posibilitaron un concilio en la ciudad de Trento, a objeto de que los distintos países se posicionaran por uno de los bandos. La mayoría de naciones situadas en el norte se unió al naciente protestantismo, y la bautizada Reforma acabó así con la unidad religiosa de Europa durante la Edad Media. Particularmente en Holanda, contemporáneo a Lutero había nacido el pensamiento humanista con el sacerdote y profesor Erasmo de Róterdam, quien, tratando de reforzar la creencia en Dios centrándose en lo puro y desprendiéndose de lo accesorio, había escrito tratados a favor del desarrollo moral y práctico del individuo. Con ese germen, los Países Bajos se hicieron protestantes de la mano de Juan Calvino, uno de los destacados seguidores de la obra luterana, toda vez que la cabeza católica España saldría de Trento con su continuismo eclesiástico reafirmado. Para los Países Bajos, esta ruptura con la ortodoxia supuso dejar atrás el dogma que exigía obediencia ciega a una escala de líderes concupiscentes; por consiguiente, dentro siempre de las firmes convicciones de toda profesión de fe, se potenció la capacidad de decisión del individuo en los distintos ámbitos de la existencia. Según el filósofo español Antonio Escohotado, "siendo menos cerrado que el cristianismo, el calvinismo toleraba la diferencia". Dios guiaría, pero en este nuevo camino entre Él y el hombre, el sujeto tendría más libertad para elegir cómo proceder o con quién relacionarse. Aun con las constantes desventuras de la historia para el teologismo europeo, en adelante el grueso de ciudadanos españoles atendería a las doctrinas católicas y el holandés a las protestantes. Un protestantismo que, a mediados del siglo XX, sería una barrera más fácil de derribar para ese pensamiento laico de las nuevas generaciones contraculturales coincidentes con el nacimiento del primer gran Ajax.

# Capítulo 4.

## El fútbol de Michels desde su Ajax

Como holandés nacido en 1928 que era, Rinus Michels conoció monarquía, democracia, capitalismo y calvinismo, además de la temporal y violenta ocupación del nacionalismo alemán sobre su país, situación que vivió en su infancia. Michels inició su carrera como futbolista justo tras el segundo conflicto bélico, y la desarrolló durante los años cuarenta y cincuenta, llegando a ser internacional en un fútbol holandés poco exitoso fuera de sus fronteras. Al retirarse, Michels se formó en idiomas y educación física, ejerció nueve años como profesor y abandonó la labor docente para convertirse en entrenador. Cuando con 37 años se hiciese cargo del banquillo *ajacied*, en su persona se apreciaban la seriedad de la época en que creció y el orgullo de quien sufrió derrotas. Pero lejos de ser el hombre acomodado que pudo haber sido, en él bullía una actividad enérgica de la que brotaban inquietudes. Adaptándose a las circunstancias y en buen uso de su didáctica, Michels supo caminar parejo a los nuevos aires del país para lograr que sus futbolistas entendiesen la importancia de la responsabilidad y el esfuerzo en la preparación del fútbol moderno, pero sin dejar de respetar a unas jóvenes personalidades que exigían un espacio central en el equipo donde dar rienda suelta a la creatividad. Aquel Ajax se recuerda mucho desde Johan Cruyff y, como escribió Alex Couto, no cabe duda de que "sus compañeros se vieron claramente beneficiados por esa agilidad intelectual para desentrañar las grandes incógnitas del fútbol". Pero talentos desbordantes como Cruyff ha habido muchos y, pese a conseguir sus equipos incluso mayores éxitos que aquella generación holandesa, pocos quedaron escritos en

los anales como creadores de algo novedoso, en este caso un *totaalvoetbal* que desde que viese la luz no ha envejecido. Además de que, separados del grupo, Cruyff y Michels no triunfaron en el Barça y la Holanda del 74 sí supo prorrogarse cuatro años más sin contar con ellos, se llega a la conclusión de que sería un error juzgar aquel grupo de futbolistas solo por la influencia de Johan Cruyff, ya que el verdadero potencial del conjunto se debió a la suma de la solidaridad y la imaginación de cada uno de ellos.

Con solo un año de experiencia en el fútbol local menor, Rinus Michels tomó los mandos del Ajax en enero de 1965. El equipo de Vic Buckingham había sido goleado recientemente 9-4 por el Feyenoord y estaba en descenso cuando el inglés abandonó el banquillo. Tras estudiar las posibilidades de la plantilla, lo primero que hizo el nuevo entrenador fue dar la batuta al joven Cruyff y eliminar la WM usada por el ex mánager, sistema extendido en el fútbol neerlandés. Se estrenaría con un dibujo 4-2-4 y una victoria por 9-3 al MVV Maastricht. El primer Ajax de Michels avanzó hasta salvar la categoría, pero tanto ese equipo como el que iniciaría la temporada siguiente se parecían poco al que la historia recuerda. En relación a sus primeros meses, el técnico declararía lo siguiente: "Lo primero fue hacerme una idea del material, la calidad y el espíritu del equipo, que en ese momento era muy malo, tuve que cambiar el equipo tácticamente. El segundo punto fue comenzar a encontrar un mejor equilibrio, encontrar algunos jugadores clave". En adelante, los términos calidad, equilibrio y espíritu se repetirían constantemente, y el desarrollo de sus conceptos sería la obsesión del técnico. Sin despreciar la pelota, ese Ajax inicial aún actuaba como el grueso de los equipos europeos que pretendían ser modernos, con una propuesta de espera en campo propio y, una vez conseguido el balón, jugadas rápidas hasta conectar con un Cruyff que disponía de libertad para gestionar los ataques en la mitad alta rival. La plantilla tenía carencias y los mecanismos de juego no los traía definidos un poco experimentado Michels que, por otra parte, ya daba muestras de no ser un entrenador vulgar. Como parte de la plantilla desde la Eredivisie ganada en 1957, Sjaak Swart fue uno de los canteranos que el técnico encontró a su llegada, atacante que habló así de los métodos de Rinus: "Sus entrenamientos eran imaginativos, intensivos y mucho más inteligentes de lo que habían sido anteriormente. Lo único que interesaba a los entrenadores era correr diez kilómetros. Con Michels había algo de carrera, pero solo dos kilómetros. E hicimos todo con balón". Por otro lado, Michels había jugado en el Ajax, conocía su escuela y no dudaba en poner el balón como referencia. En relación al tratamiento del juego que se daba en el club, Vic Buckingham recordaría lo recibido en 1959: "Jugaban un fútbol adecuado, sus habilidades eran diferentes a las del fútbol inglés, su intelecto era diferente. No obtuvieron esto de mí, estaba allí esperando ser agitado, no sé lo que hicieron antes que yo. Era solo caso de decirle que mantuviesen más la posesión (...) el Ajax jugó a tener la posesión. Yo les influí, pero luego continuaron solos e hicieron cosas por encima (...) solo tenías que darles una idea y -ellos- agregaban habilidades, movimientos y combinaciones todo el tiempo". Buckingham dijo que las condiciones para un fútbol que aunara combinación e improvisación ya estaban ahí, y así era. En *Brilliant Orange*, David Winner habla del también británico Jack Reynolds como principal responsable de que esas virtudes estuviesen asentadas en el club. Reynolds fue otro de los disidentes del clásico juego inglés que, desde inicios de siglo, desarrollarían su carrera en el continente europeo. Tras emigrar de las islas, entrenar a Suiza y estar a punto de tomar las riendas de la *Mannschaft* en 1914, Reynolds se afincó en Holanda después del estallido de una guerra que le impidió ser seleccionador teutón. Entre los años de 1915 y 1947, el técnico estaría en el Ajax en tres etapas dilatadas, ocupándose en ocasiones del fútbol base, siempre del primer equipo y a menudo de ambas funciones. Winner cuenta que en aquellos equipos había una estricta disciplina y unos entrenamientos con énfasis en la técnica, el pase y la forma física, lo que podría considerarse el abecé del posterior Ajax de Michels. En relación a las inferiores, el historiador pública una sentencia que Harko Groenevett recogió en una biografía inédita sobre Reynolds, en la que asegura que para la década de 1920 el míster sentó las bases del sistema juvenil *ajacied* con entrenamientos del mismo estilo de juego para los equipos de todas las edades, trabajo que le llevaba prácticamente el día completo. Ya en la década de los treinta, en el periódico *Volkskrant* se puede leer: "El Ajax practica un juego técnicamente

controlado. Se acerca al juego profesional inglés y solo carece del espíritu que tienen los equipos ingleses". En 1946, un año antes de despedirse definitivamente del club, Reynolds concedió una entrevista en la que dejó un aserto muy conocido en la actualidad, ya que su fondo fue usado por el Johan Cruyff entrenador del Barça en los noventa: "Para mí, el ataque es y sigue siendo la mejor defensa". Reynolds no consiguió que el Ajax destacase a nivel europeo, pero sí que compitiese en las posiciones de honor de la liga doméstica, con varios títulos en su haber. Ya en las décadas de los cincuenta y sesenta, cuenta Cruyff en su autobiografía que quien se encargó de perpetuar los conceptos establecidos por el británico fue el entrenador juvenil Jany van der Veen: "Cuando entré en el equipo juvenil con doce años, Jany van der Veen no solo me educó en el fútbol, sino también en normas y valores. Jany siempre trabajó exclusivamente con los juveniles, pero las ideas con las que trabajaba venían de Jack Reynolds, que había sido entrenador del primer equipo en la década de 1940, y él las aplicaba a nosotros. Fue Jany quien nos enseñó a inventar juegos para trabajar en nuestros errores y poder ser creativos en nuestra práctica. Van der Veen siempre insistía en que las bases del fútbol constituían el centro de todo. Jugar partidos siempre se alternaba con el mantenimiento de los cinco aspectos básicos del fútbol: chutar, jugar de cabeza, regatear, llevar el balón y recibir un pase. De modo que siempre andábamos muy ocupados con la pelota". Dadas las circunstancias, lo más importante que recibieron Buckingham y luego Michels fue la educación en un estilo de juego concreto, disciplinado y, sobre todo, que apostase a la tenencia del balón, para poder desarrollar sus ideas a partir de esos cimientos comunes. Así como Buckingham se sorprendió gratamente cuando tomó el equipo por primera vez, un Rinus Michels que había jugado a las órdenes de Reynolds a finales de los cuarenta ya sabía lo que se iba a encontrar al hacerse cargo del Ajax, y su principal tarea sería llevarlo al punto de ebullición.

Si la primera temporada mantuvo al equipo, la segunda tocaría título. Durante la 65/66 la preparación grupal avanzó a zancadas, pero, como Michels había aclarado, la plantilla necesitaba retoques de calidad para subir al siguiente nivel. A finales de los sesenta, Brian Glanville radiografió el debate internacional que enfrentaba

a los partidarios de que los títulos los ganan las estrellas contra los defensores de que los aspectos principales son la táctica y la preparación, escribiendo lo siguiente: "Hay una creencia general en el fútbol, firmemente sostenida, de que los grandes equipos se basan en un núcleo de ases. Si tenemos tres o cuatro individuos sobresalientes, según esta teoría, el resto del equipo se cuidará por sí solo, lo mismo se trate del Arsenal de los treinta, del Real Madrid de los cincuenta y comienzos de los sesenta, del conjunto húngaro que debió ganar la Copa del mundo de 1954 o del once brasileño que ganó la Copa del mundo de 1958 y 1962". Paralelamente, cuenta Glanville que en el libro publicado en la época *El entrenamiento en el fútbol, al estilo moderno,* el analista Eric Batty explicó lo erróneo de la creencia de que, por ejemplo, todo el potencial de la Hungría de los cincuenta saliese de las individualidades de sus astros y que solo el tiempo continuado en el mismo equipo fuese lo que hizo surgir el entendimiento, sin una preparación exhaustiva detrás. Batty se entrevistó con Kalocsi, uno de los ayudantes de aquella selección magiar, quien le aseguró que esa impresión no respondía a la realidad, sino que "las combinaciones preparadas eran ciertamente la base del aparente entendimiento telepático desarrollado", siendo un Bukovi que para 1951 aún dirigía al MTK quien "desarrollase una idea que primero se limitaba a dos jugadores y al sencillo pase denominado la pared, pero más tarde se desarrollaba más y más, y se hacía más complicada". Tras analizar el texto de Batty, un Glanville cercano a la equidistancia concluyó: "Es claramente peligroso generalizar, más allá del hecho de que un gran equipo sin un núcleo de grandes jugadores es algo inconcebible, sea cual fuere la táctica". Del lado del periodista estaba un Michels que poco más tarde expondría un similar orden de prioridades al decir que, a su parecer, "la técnica es la base del fútbol moderno. Luego hay que saber explotar al máximo la valía de los jugadores para que rindan al cien por cien. Tampoco hay que olvidar que la condición mental de los jugadores es tan importante como la física". De sus palabras se desprende que la armonía entre los puntos cardinales del juego -técnico, táctico, físico, psíquico- siempre fue su pretensión, pero aclaran que, para él, la base era disponer de capacidad técnica destacada, la cualidad a menudo

más difícil de encontrar y que, por tanto, había que pagar bien. Y aún el Ajax no era una entidad potente en lo económico que pudiera desembolsar grandes cantidades en las principales estrellas mundiales. Paradójicamente, quizá esa limitación de capital fue lo que acabase dándole el potencial al conjunto. "La organización y el estilo de juego del Ajax necesitaban algunos mejores jugadores. Uno de los más importantes que encontré fue Henk Groot, que había jugado antes en el club. A veces, solo uno o dos jugadores que afectan al equilibrio significan la diferencia entre luchar y convertirse en campeones", declararía el técnico. Sin los ansiados fichajes de excepción, Michels se dedicó a trabajar la técnica en bloque y las relaciones de los peones alrededor de un Cruyff convertido en piedra angular.

## LA IMPORTANCIA DEL LIDERAZGO

En su autobiografía, Johan habla de los inicios con su mentor: "Yo tenía dieciocho años cuando llegó Michels; era el más joven del equipo, pero él me llevaba aparte para hablar de la táctica. No lo hacía con nadie más. Hablábamos de cómo podíamos mejorar si hacíamos ciertas cosas y, ahora lo sé, fue en esas conversaciones donde se desarrollaron las ideas que darían forma al juego único del Ajax que surgió a finales de la década de 1960, mientras el resto de los clubes hacían lo que siempre habían hecho". Además de ello, recuerda Cruyff que para la llegada de Michels el equipo era amateur, con él y Piet Keizer como únicos futbolistas con contrato a tiempo completo, por lo que el grupo entero únicamente podía entrenar por las tardes, ya que en la jornada matinal muchos jugadores trabajaban. Además de exigir mejoras en las instalaciones médicas y deportivas, que a su llegada presentaban un estado paupérrimo, fue Michels quien consiguió que progresivamente toda la plantilla firmase contratos profesionales. En apenas dos años, las victorias y el buen juego habrían convertido a un entrenador con etiqueta de "apuesta" en un referente a quien atender tanto dentro del campo como en los despachos. Según Johan, la profesionalización se dio por concluida entrados los setenta, ya sin Rinus en el banquillo pero con él mismo como mejor jugador del mundo y líder tanto o más exigente con la directiva que su antiguo entrenador. Con este proceso de mejoras en marcha, la segunda temporada completa de Michels dejaría un nuevo Ajax campeón, esta vez de liga y copa, y la primera exhibición del equipo en una Copa de Europa a la que había accedido como ganador de la Eredivisie 65/66. Tras endosarle un 5-1 al Liverpool en diciembre y rascar luego un empate a dos en Inglaterra, en adelante Shankly se vería obligado a ser más cauto cuando se refiriese al imprevisto Ajax como un equipo menor. Pero la derrota contra el Dukla de Praga en cuartos de final los hizo despertar del primer sueño europeo, en una competición que se llevaría el Celtic de los veloces conductores Jimmy Johnstone y Bobby Lennox. Como se ha dicho, Rinus Michels sabía que, además del futbolístico, el aspecto psicológico era esencial para llegar al máximo nivel, y tras la eliminación decidió tomar cartas en el asunto.

En su etapa en el Barça, el técnico diría que "el líder es siempre importante en mi equipo", y en el rotativo español *Dicen* habría asegurado que no conocía "otro sistema que jugar al ataque. El Ajax, conmigo, siempre ha jugado así". Con Cruyff la parcela ofensiva *ajacied* disponía de un líder fiable, pero el técnico creyó necesario contar para la zaga con ese referente que amparase al resto de defensas, además de permitir que un equipo de parte del fútbol propositivo fluyese desde la base. Hasta 1966 Frits Soetekouw era el capitán, pero pareció perder la confianza del técnico tras la eliminación contra el Dukla. Meses antes, el entrenador holandés había seguido la final que el Real Madrid le ganó al Partizan, y no se le escaparon las cualidades del líbero yugoslavo Velibor Vasovic, idóneas para liderar la futura retaguardia de los de Ámsterdam. En alguna ocasión dijo Menotti que "poco tiene que ver la magia en los liderazgos, hay algo en su personalidad que los distingue". Michels había sentido esa aura distintiva y, por fortuna para él, para 1967 el Ajax consiguió hacerse con los servicios de un valladar balcánico que se convirtió en la tercera cabeza de la hidra que poco después conquistaría Europa. En su libro, Johan Cruyff recuerda que "no te atrevías a liarla cerca de Vasovic. Como delantero, sabías que tendrías problemas con él. Y aún más importante, era fuerte tanto física como mentalmente,

y jugaba fútbol europeo. Este cambio nos acercó un paso más al Fútbol Total". En unas declaraciones similares a las de Cruyff en lo referente a las relaciones con el entrenador, Vasovic recordaría la evolución del grupo desde su llegada: "Jugué de último hombre en defensa, el líbero. Michels hizo este plan para jugar un fútbol muy ofensivo. Lo discutimos. Fui el arquitecto, junto con Michels, de la forma agresiva en defensa". Con el apodo de General, Rinus Michels pasó a la historia como un técnico distante e impositivo. Él declaró para la *RB* que se consideraba demócrata, pero que "en un equipo la democracia total es imposible", ya que el mando está entre las obligaciones inalienables al cargo de entrenador. A juzgar por las palabras de algunos que lo conocieron de cerca, en lo personal podría asemejarse más a su antecesor azulgrana Roque Olsen que a los homólogos Artigas y Buckingham. Si Sadurní aprovechó su retiro para sentenciar que "Olsen era un déspota", sobre Michels el volante Juan Carlos diría que "General era un apodo acertado, ya que era muy duro y disciplinado". Aunque parezcan sentencias similares, probablemente en la comparación de los calificativos esté la diferencia entre ser o no ser aceptado. En cualquier caso, fue un tema recurrente el de la disciplina de Rinus, al que muchos protagonistas de la historia se sumaron. Su ayudante Bobby Haarms lo amplió de la siguiente manera: "Era completamente diferente a cuando era jugador. Lo principal en él era la disciplina. Pero también era como un maestro de ajedrez en táctica del fútbol, y no había perdido el sentido del humor". Ya en la década de los noventa, el entrenador Louis van Gaal tendría la misma fama de arisco que un Rinus Michels a quien trató. Tras asegurar que él era más humano, ya que se comunicaba con los jugadores más que Michels tanto por las exigencias de la época como por las maneras distintas de ser, Van Gaal dejó una afirmación sobre cómo entender el mando comparable a la de su antecesor: "Sobre todo hay que marcar muy bien los límites. Después darles libertad". Todas estas declaraciones chocan con las palabras de Cruyff y Vasovic expuestas anteriormente, que dejan claro que al menos los jugadores principales a menudo se comunicaron con el entrenador, no solo para opinar, sino incluso para sacar conclusiones comunes por el bien del conjunto. Y es que Michels había afinado en su afirmación a la *RB*: es imposible la "democracia total", parcialidad que deja margen a ese diálogo al que los dos futbolistas se refirieron. En *14. La autobiografía*, Johan puntualiza: "Lo esencial era que seguir sus instrucciones nunca creó una atmósfera de disciplina militar. En el Ajax siempre había espacio para las bromas y el humor". Lo único comprobado es que tanto sus presidentes como sus equipos creyeron en Michels de manera continuada, considerándolo el líder adecuado para llevar una plantilla. Así que como los hechos y las palabras a veces parecen no concordar, tal vez habría que atender a las reflexiones al respecto que el ex jugador y entrenador Jorge Valdano recoge en *Liderazgo*, el erudito estudio escrito junto al economista Juan Mateo. En primer lugar, sobre las normas y el tratamiento del futbolista, Valdano apunta: "No hay equipo sin disciplina. La disciplina es logística y el desacuerdo intelectualidad, por eso no hay contradicción, las normas comprometen a todos por igual. Quizá lo único que deberíamos tener en cuenta es que hay personas que necesitan carreteras más anchas. Jugadores, por ejemplo, que necesitan y merecen una mayor libertad, y otros que necesitan referencias claras para no sentirse angustiados o perderse en el camino. Las distintas percepciones unidas definirán nuestra ventaja competitiva. Creo que a los jugadores y a los hombres hay que saber respetarles las diferencias, pero nunca hasta el punto de permitirles vandalizar la convivencia". En lo que atañe a cómo funcionó aquel Ajax, un equipo que pese a actuar maquinalmente permitía que cada jugador fuese más que una simple muesca del engranaje, se puede acudir a la siguiente conclusión recogida en el libro: "Ése es el modelo de liderazgo perfecto por parte del entrenador: animar a que el jugador tome decisiones dentro del terreno de juego". Por último, quizá se pueda ir un paso más allá y pensar que sencillamente es usual que, en un impreciso uso del lenguaje, se confundan términos y se mezclen significados. Para ello habría que poner oído en la explicación que, en una charla para *Futebol*, dio un Marcelo Bielsa al que mundialistas a sus órdenes como Ortega acusaron de no cruzar palabra, otros como Burgos precisaron que enseñaba y transmitía mucho, pero desde la distancia, y algunos como Aimar aseguraron que era el mejor entrenador que habían tenido en todos los aspectos. Una explicación que reza así: "No es lo mismo

disciplina y respeto. Respeto habla de horizontalidad, disciplina habla de verticalidad. La verticalidad en el fútbol no funciona a largo plazo, funciona a corto plazo, ya que el día que se va el poder ya no se puede hablar más, porque lo que se dice solo tiene valor si hay poder. Mientras que el respeto tiene valor siempre". En lo sucesivo y hasta ganar la Copa de Europa, Michels, Cruyff y Vasovic serían los líderes de un equipo que, sobre el terreno de juego, no parecía tener jerarquía estanca.

## *PRESSING* Y FÚTBOL TOTAL

En la temporada 1967/68, el equipo caería en la prórroga de la primera ronda europea contra un Real Madrid de Miguel Muñoz que no parecía hacer concesiones a los que ya se veían revolucionarios. En su autobiografía, Johan Cruyff data en esa cita europea su paso desde el puesto en punta a uno más retrasado, rol en el que se establecería en adelante, explicándolo como una variante táctica improvisada por Michels al conocer casualmente el plan defensivo del Madrid: "Rinus Michels había diseñado un nuevo sistema para el encuentro contra el Real Madrid. Aquella tarde, yo no tenía que jugar como delantero centro, sino un poco más atrás, lo que significaba que otros jugadores podrían entrar en el espacio que se iba a crear. Era un movimiento táctico sorprendente, que no se había usado antes. En esa época vivía en Madrid un amigo de Michels. Era Theo de Groot, con quien yo había jugado alguna vez en el Ajax, vivía al lado de la casa del defensa del Madrid Gregorio Benito, que solía visitar a sus vecinos holandeses. Al parecer no sabía nada de la amistad de De Groot y Michels, porque había desvelado a sus vecinos toda la táctica del Madrid. El eje de su juego era que yo no tendría marcaje al hombre, sino uno por zona, que llevaría a cabo la última línea. Cuando Michels supo esto, me pidió que jugara más atrás. Así, los cuatro defensas, sin nadie a quien marcar, quedarían desconcertados, cosa que beneficiaba el avance de nuestros centrocampistas". En Holanda llegaría la tercera Eredivisie consecutiva, y la copa holandesa pasaría a las vitrinas de un Feyenoord que de la mano de su nuevo entrenador, Ernst Happel, aún tenía mucho que decir como mejor club holandés hasta la época. La liga otorgaría al Ajax un puesto en la principal competición europea, y los de Michels volverían a dar el do de pecho en la Copa de Europa que daría comienzo en 1968. Todavía con el sistema 4-2-4, un Ajax que aún contaba con muchos de los primeros futbolistas de la era de Michels alcanzaría la final contra el imponente AC Milan de Rocco y Rivera. A diferencia de los holandeses, los *rossoneri* venían de dejar en la estacada a rivales potentes, tanto como lo eran el Celtic de Jock Stein y el Manchester United de Matt Busby, campeón en curso. En lo que a la postre podría considerarse una especie de relevo generacional no tanto en edades como en conceptos, aquella noche del 28 de mayo de 1969 en el estadio Santiago Bernabéu compartirían terreno de juego por última vez unos jóvenes Cruyff, Hulshoff y Suurbier, los también canteranos Swart y Keizer, quienes junto a Vasovic serían los únicos veteranos fijos en un equipo que precisaba pulmones jóvenes, y unos Bals, Duivenbode, Pronk, Groot, Danielsson, Muller o Nuninga que finalmente no tendrían un lugar destacado en la historia del fútbol total. Con el estelar Bambino de Oro desde la capitanía y un certero Prati que hizo tres goles, la final acabó 4-1 para los de Nereo Rocco. En relación a lo que se vendría tras la derrota, en *Brilliant Orange* se recogen las siguientes declaraciones de Vasovic: "Nuninga, Muller, Suurendonk y van Duivenbode carecían de la calidad necesaria para vencer a los mejores equipos europeos. Pero cuando conseguimos a Gerrie Mühren, Hulshoff, Krol, Neeskens y Stuy en el gol, cambiamos la calidad".

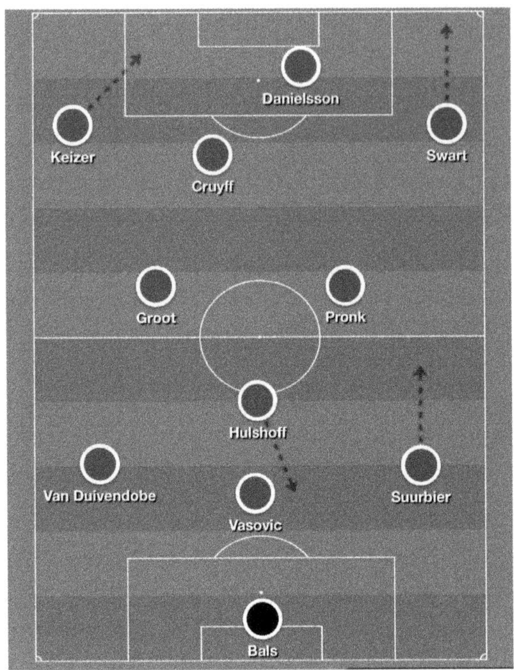


**Alineación Ajax-AC Milan**

Rinus Michels insistía en la importancia de la calidad individual, y si el dinero no pudo conseguirle estrellas internacionales sería el tiempo quien acabase mostrándole que el nivel que en realidad necesitaba su propuesta era funcional y, además, estaba en su propio país. En el libro *Chile y su Mundial*, Escartín dice que su selección española ya había usado puntualmente el 4-3-3 en la clasificatoria para Chile '62, e indica que Brasil utilizó en exclusiva ese "prudentísimo" dibujo en la Copa del Mundo "por temor a su vieja zaga y la necesidad de apuntalar a Didí en el centro del campo". Ruud Krol subiría al primer equipo para asentarse como lateral izquierdo, toda vez que un jovencísimo Johan Neeskens que naciese como lateral llegaría al club desde un modesto equipo local para convertirse en el líder físico/táctico de un centro del campo que, a mediados de 1970, aumentaría a tres piezas, cerrándose con los fichados Mühren y Rijnders. El sistema 4-3-3 que haría triunfar a Michels era una derivación del 4-2-4 húngaro y brasileño. Brasil había ganado el Mundial de Suecia ´58 con este último dibujo, pero en 1962 Aymoré Moreira vio adecuado retrasar a un veterano pero importante Zagallo que, ya en la treintena, sufriría desplegándose como antaño desde tan arriba. Sin ser un dibujo claro que olvidase a los cuatro hombres en ataque, el 4-3-3 vislumbrado en Brasil se mostraría más compensado. A su llegada al Barça, Michels ya habría variado el esquema, pero recordaría: "El sistema en toda Europa es una variedad entre el 4-3-3 y el 4-2-4. En la práctica, uno debe atender a la valía de los jugadores. Cuando hay una delantera peligrosa, es importante jugar el 4-2-4, pero cuando se juega fuera es necesario acentuar la defensa". Como avisó, el neerlandés usaría el 4-3-3 y recurriría al 4-2-4 en determinados partidos como local o en eliminatorias que hubiese que remontar.

Años más tarde, preguntado sobre el cometido principal a lo largo de su carrera bajo las órdenes de Michels, Neeskens respondería para el diario *ABC* que su "función era presionar al contrario y robar cuantos más balones mejor, para poder servirlos a los delanteros". Según David Winner, "el feroz Neskeens tenía la difícil tarea de marcar a los creadores oponentes". De la unión de ambas aseveraciones se obtiene el que puede considerarse aspecto central de aquella revolución holandesa, una presión intensa en campo rival bautizada por la historia como *pressing football,* que llevase a un plano superior la trampa del fuera de juego que, para finales de los sesenta, renacía tanto al otro lado del continente europeo como en Sudamérica. Contemporáneos al primer Michels en los banquillos, si por su labor innovadora en la dirección primero del Torpedo de Moscú y luego del Dinamo de Kiev de los sesenta, Víktor Máslov sería considerado uno de los pioneros tanto del sistema 4-4-2 en zona como del fútbol total, un exitoso Osvaldo Zubeldía dominaría América desde un obsesivo y meritorio estudio táctico con la marcación mixta y la presión intensa al hombre como características. Haarms definió a Michels como "un maestro de ajedrez en la táctica del fútbol", y no extraña que el propio técnico comparase su obra con la que Zubeldía desarrolló en paralelo al otro lado del Atlántico. Como Bilardo cuenta en *Doctor y Campeón*, en el Estudiantes de Zubeldía él haría las labores del Neeskens de Michels: "Él comprendió mi pedido y me retrasó en la formación

para que comenzara a ocuparme de una función muy diferente a la que había desarrollado en la escuadra platense: anular al "10", sacrificarme para recuperar la pelota y después sumarme al ataque. En esos tiempos, en Argentina la marca "hombre a hombre" era casi desconocida. Se estaba empleando en Italia. Yo aprendía con Osvaldo a neutralizar al creador rival". Con la referencia a Italia, Bilardo hablaba principalmente de un Inter a quien Helenio Herrera ya había hecho bicampeón de Europa. En un texto dedicado a Michels para *The Tactical Room,* cuenta Álex Couto que en sus inicios el entrenador holandés solicitó la incorporación al cuerpo técnico *ajacied* del propio Herrera, a fin de que su bagaje y sus lecciones sobre los mecanismos modernos del juego hiciesen crecer a un equipo inexperto en el máximo nivel. Poca duda cabe que el políglota y confeso lector Rinus Michels hubiese leído las memorias de un Herrera que se negó a abandonar el fútbol italiano para ir a Holanda, pero que como una suerte de agradecimiento al interés del joven y ambicioso Michels, lo puso en contacto con quien para entonces era asistente de la selección rumana, Stefan Kovacs, y le aseguró que con él podría aprender lo que necesitaba para que su equipo dominase el fútbol táctico y grupal. En Rumania, un Kovacs que más tarde le sucedería en la dirección del Ajax desarrollaba mecanismos de presión importados del baloncesto, así como tácticas de ataque y defensa adquiridas en consultas a militares alemanes, y en sus conversaciones transmitió a Michels varios conceptos útiles para su pretensión futbolística. Por otra parte, recoge *Brilliant Orange* unas declaraciones en las que el asistente Bobby Haarms cuenta que tanto la novedad de presionar alto y en bloque como el uso del fuera de juego no se establecieron en el Ajax como algo planeado, sino que prácticamente los sorprendió en un momento puntual, debiéndose su descubrimiento a la inercia misma de la propuesta netamente ofensiva que el técnico trabajó en sus últimos años. "Sin estudiarlo, comenzaron a jugar al fuera de juego. Fue una especie de milagro", precisó el ayudante. Pero interpelado más tarde sobre ello, Rinus Michels aseguró que lo que llegó a ser la presión sin balón determinante de su fútbol se había iniciado en Estudiantes de la Plata, con Zubeldía como responsable. En su libro, Bilardo recuerda el plan que llevaron a la vuelta de la Intercontinental perdida contra el AC Milan que previamente se enfrentase al Ajax en la final europea del 69: "En el partido de vuelta salimos con todo, a apretarlos nosotros, con la idea de tirar la jugada del *off-side* mucho más adelante y achicarles la cancha a los milaneses".

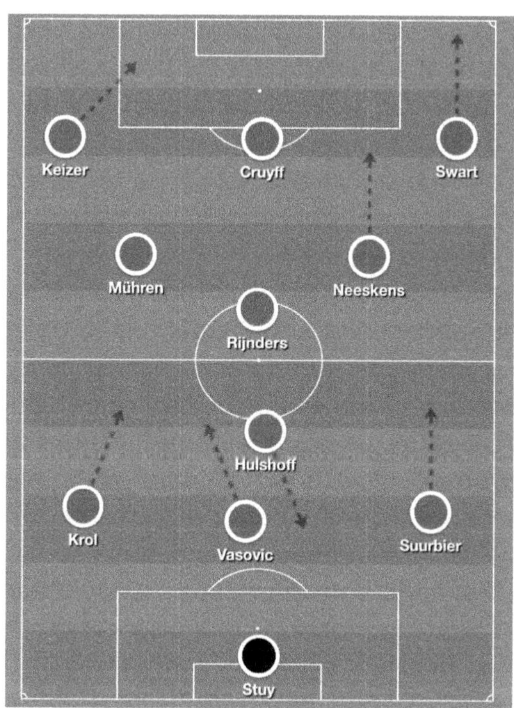


**Alineación 4-3-3 tipo**

Tras abandonar la Albiceleste, Osvaldo Zubeldía tomó las riendas de Estudiantes paralelamente a Michels las del Ajax. Antes de convertir a su equipo en una bestia táctica y física, ganar entre otros títulos tres Copas Libertadores consecutivas y la Intercontinental de 1968 frente al Manchester United y captar la atención de los principales entrenadores del mundo, bien como figura a admirar o bien como *antifútbol* por lo durísimo de sus equipos, en unión de su ayudante Argentino Geronazzo habría escrito el libro *Táctica y estrategia del fútbol*, en el que se basaría la mayor parte de su éxito. En el texto publicado en 1965,

Zubeldía y Geronazzo hablan de varios aspectos fundamentales en su filosofía de juego: el sistema 4-2-4, la marcación mixta, la ocupación de espacios, el fútbol en bloque, la funcionalidad de los jugadores, la importancia de dominar el centro del campo, el ritmo alto o la recuperación estratégica del *off-side*. En relación a esto último, en unos años sesenta donde la mayoría de marcas eran al hombre y el estudio de la táctica estaba en ciernes, el riesgo que suponía el avance de unas líneas difusas desde el uso del fuera de juego no era asumido por los entrenadores. Esa trampa defensiva desde la marcación mixta que sería imprescindible para Zubeldía y Michels, la explica muy bien el argentino en su libro: "Provocar el *off-side* significa la acción de los defensas externos de pararse y/o adelantarse en sentido contrario ante el pique en profundidad del o los atacantes rivales. La atención primordial del defensa que va a provocar el *off-side* del atacante rival debe estar dirigida atentamente al poseedor de la pelota. Observar si está o no armado para el pase, si está o no con la cabeza levantada, etcétera". Toda evolución táctica es bien acogida por la historia, pero quizá en aquella el mérito principal de ambos técnicos sobrepasó lo estratégico para incidir de lleno en la evolución mental de determinados futbolistas. Hasta la fecha, los poco considerados zagueros marcadores se habían limitado a la "sencilla" tarea de perseguir a sus pares y tratar de quitarles el balón, despreocupándose a menudo de tácticas grupales más avanzadas, tanto en posesión como sin ella. Con el nuevo mecanismo, esa "atención primordial" sobre el poseedor de la pelota de la que habló Zubeldía hacía que los marcadores ya no redujesen su labor a un exclusivo y cercano rival, sino que, considerando que en cualquier momento podían quedar como último hombre y ser responsables de ejecutar el fuera de juego, también tuviesen que estar pendientes del oponente que llevase la jugada metros adelante. Además de en las virtudes físicas y técnicas, los técnicos creerían en la inteligencia de sus defensas, al instarlos a mantener esos niveles de concentración y estudio del juego defensivo como conjunto. Ellos provocaron un desarrollo de la capacidad analítica en los futbolistas *a priori* menos capacitados sin la que el fútbol posterior no se entendería. Sobre el giro de tuerca que le dio Michels al fuera de juego y la presión, Winner

apunta: "el otro desarrollo táctico fundamental fue transformar la trampa del fuera de juego defensivo en un instrumento ofensivo". Tanto este "instrumento ofensivo" primordial para el fútbol total como el propio estilo en sí fueron explicados por Johan Cruyff en *14. La autobiografía* de manera magistral: "Aparte de la calidad de los jugadores, el Fútbol Total es, sobre todo, cuestión de distancia y posicionamiento. Esa es la base de todo el pensamiento táctico. También requiere mucha disciplina. Nadie puede ir por su cuenta. Si alguien empieza a presionar a un contrario, el equipo entero tiene que unírsele. Un ejemplo. Cuando yo presionaba a un jugador cuya pierna buena era la derecha, yo le perseguía esa pierna. Con ello se veía obligado a pasar con la pierna mala, la izquierda. Mientras tanto, llegaba Neeskens desde el medio campo a su izquierda, y el adversario se veía obligado a pasar la pelota rápido con su pierna mala. Lo que empeoraba sus problemas. Para hacerlo, Neeskens tenía que dejar suelto al hombre. De modo que su adversario quedaba libre, pero no podía seguir a Neeskens porque nuestro defensa Wim Suurbier se había desplazado a la posición de Neeskens. Así se creaba enseguida una efectiva situación de tres contra dos, un juego poderoso y dinámico, que se centraba en presionar a nuestro adversario de la forma más eficiente tuviéramos o no el balón. Los defensas podían atacar y los delanteros podían defender. El objetivo es que cualquier jugador pudiera tomar el balón y llevarlo al otro campo. El Fútbol Total, en cualquier caso, es cuestión de distancias en el terreno y entre las líneas, la esencia del Fútbol Total, hacer siempre lo que ves. Y nunca lo que no ves. En otras palabras, siempre tienes que tener visión global y siempre debes poder ver el balón". Se trataba de desatender las pautas individuales de posibles marcas en un avance unitario que no desprotegiese al grupo.

En general, no extraña que el entrenador holandés tuviese palabras de reconocimiento para su colega sudamericano, ya que pueden apreciarse similitudes en muchos de los puntos que desarrollarían sus respectivos equipos, todas bajo el amplio manto de la modernidad. Pero si ambos fueron revolucionarios y exitosos en cuanto a planteamientos y títulos, las diferencias principales entre aquel Estudiantes y aquel Ajax nos las expone Jonathan Wilson en *La pirámide invertida* a través de las letras de

dos prestigiosos periodistas de *El Gráfico* en la época, un Jorge Ventura que aseguró que Estudiantes fabricaba puntos "con más trabajo que talento", y un Juvenal que sentenció: "Mejoramos y evolucionamos en aquello que algunos críticos señalaban como nuestras debilidades. Hemos eliminado la improvisación". Igual que las de su compañero Panzeri, las promulgas de los citados redactores estaban marcadas por el viraje acontecido en el fútbol argentino desde el Desastre de Suecia, partido del Mundial de 1958 en el que una selección albiceleste con muchas de sus figuras emigradas a Italia fue humillada por Checoslovaquia, que le endosó un 6-1. Como escribiría Glanville en su *Historia de los Mundiales de fútbol,* esa derrota supondría el inicio del supuesto fin del fútbol espontáneo y atrevido que representaban la Máquina o la Nuestra, un maltrato a las esencias que, según los afectados, continuó con la aplicación del precavido y táctico 4-4-2 en rombo en la Argentina de Lorenzo, la extinción de los admirados *wings* imaginativos, y culminó con una llamada europeización del estilo representada en los posteriores éxitos de Zubeldía. Aunque Osvaldo tratase de frenar la crítica de gran parte del entorno con la siguiente explicación: "el mío es un juego destructivo que anula y desgasta al adversario, pero no tiene un criterio solamente defensivo, sino que la pretensión es evitar los centros y el embotellamiento en el área y, además, recuperar la pelota alto", acabaría por admitir que admiraba a Inglaterra y Alemania por su fútbol ejemplo de disciplina, trabajo en equipo, ritmo y funcionamiento, y que su principal miedo sobre los éxitos de Brasil en la década era que calase el mensaje de que el jugador de calidad e improvisación está por encima de los sistemas y el laboratorio. La clara diferencia entre ambos técnicos en cuestiones de respeto al talento y la creatividad definiría el enfoque de Estudiantes desde un planteamiento reactivo, tratándose de un ejemplo de fútbol fuerza, y el del Ajax desde una mirada proactiva, donde la intensidad sin balón solo era una excusa para mejorar un ataque que pretendía ser constante, siendo el principal modelo del opuesto fútbol total.

Aun con ello, del libro de Zubeldía se extraen fragmentos precisos sobre conceptos comunes entre el argentino y el neerlandés que bien sirven para explicar aspectos importantes del Ajax de finales de los sesenta. Entre otras cosas, el primer Ajax campeón de Europa se caracterizó por la ocupación racional del campo en las distintas fases del juego y, dentro de esto, por la labor polifacética de unos futbolistas que adecuaban puestos y roles según pidiese el desarrollo del partido. En *Táctica y estrategia del fútbol*, Zubeldía dedica un apartado a los relevos de posición y función y otro a las coberturas de espacios. Sobre la distribución y la funcionalidad de los jugadores, se lee lo siguiente: "Nuestro sistema consiste en cinco líneas de dos jugadores por línea. La idea central es cubrir todos los sectores del campo, tanto para la marcación o destrucción del avance rival como para la construcción del propio cuando la pelota pase a nuestro poder. No debe entenderse que la posición y función de los jugadores es rígida e inalterable. Ante todo las características individuales determinarán la posición y función del jugador. Y dentro de esa posición y función el jugador desarrollará el tiempo mayor de trabajo. En el tiempo restante ocupará otras posiciones y funciones". Aunque en desproporción con el puesto adecuado, Zubeldia destacaba la necesaria polivalencia de los futbolistas para que el plan funcionase. Sobre este particular, *Brilliant Orange* recoge las siguientes precisiones del central del Ajax Barry Hulshoff: "Fútbol Total significa que un jugador de ataque puede jugar en defensa. El defensor primero debe pensar defensivamente, pero también debe hacerlo ofensivamente. Para un atacante, al revés. Por supuesto, el cambio de posición significa que los jugadores intentan cumplir roles dentro del terreno de juego que no tienen naturalmente. Cuando un defensa atacaba o viceversa, era esencial que los jugadores volviesen a su posición natural lo más rápido posible. El equipo es más fuerte cuando juegan desde sus posiciones normales". Tanto Zubeldia como Michels usarían una marcación mixta, con primacía de atenciones individuales en la retaguardia. En el Ajax, precisamente Hulshoff sería el encargado del punta rival, asistido por los laterales y con Vasovic liberado en la mayoría de jugadas, en un rol de cerrojo defensivo sin balón y generador de juego con él. Como pasaría en los años ochenta con la Argentina campeona del mundo de su pupilo y fiel seguidor Bilardo, el Estudiantes de Zubeldia acabó por descompensar la mixta y plagó su mitad de campo de marcas individuales, posibilidad que el propio entrenador ya

había dejado caer en sus escritos. Sobre la manera de defender de aquellos parejos equipos argentinos, el Doctor recuerda lo siguiente: "Jugar con líbero y *stopper*, una rareza en ese entonces, también fue producto del "ensayo y error". Cuando empecé como entrenador, yo también lo utilicé para evitar el problema de la zona 'que es tuyo, que es mío". Como Bobby Haarms dijese del espontáneo uso del fuera de juego en el Ajax, Bilardo apuntaba que la organización de la zaga estudiantil también se alcanzó heurísticamente, no desde una planificación clara. Pero sobre los distintos tipos de marcaje, en *Táctica y Estrategia del fútbol* ya se significaba lo siguiente: "Las semejanzas (aunque no rigurosas) de este sistema con el 4-2-4 brasileño residen en los dos zagueros centrales zonales y en los dos volantes zonales. Las diferencias, en la función de los marcadores laterales, que en nuestro sistema amplían su zona de desenvolvimiento y de marcación individual".

Se ve que los marcajes eran importantes para Michels y Zubeldía, pero no dejaban de ser ingredientes de una receta que se hacía especial por dos nociones imprescindibles en el centro del campo: jugar en bloque y atacar rápido pero de manera controlada. En su libro, el bonaerense dedicó apartados a ejecuciones de generación y ataque comunes como las paredes en apoyo para asegurar el balón, las cortinas y los cruces para aclarar espacios al poseedor del esférico, los cambios de frente hacia zonas desatendidas o los desmarques "al claro" para precipitar lo que él llamaba "centros útiles", que habrían de ser en carrera, colocados o atrás desde la línea de fondo, no colgados "a la olla". Sobre el bloque y el contragolpe seguro, en un pasaje que perfectamente podría estar definiendo gran parte del fútbol total, el texto continúa: "El fútbol en bloque -"todos atacan y todos defienden"-, con el esquema posicional y funcional de cinco líneas es más fácil concretarlo. El 4-2-4 brasileño consiste en una primera línea de cuatro zagueros, con marcación zonal. Dos volantes, también zonales. Y cuatro atacantes netos. A veces tres atacantes netos y el otro a "media agua". La idea fundamental es el contragolpe. Atraer al rival hasta las cercanías, para contraatacar largo al claro, pelotas de 30-40 metros, en constantes cruces de los atacantes netos. Conclusión: el medio campo no les interesa mucho. Nosotros no somos partidarios de este 4-2-4. Las tres líneas y la función de las posiciones del 4-2-4 brasileño dan como resultado la cesión del medio campo y la necesidad de jugar al contraataque largo. Aquí el fútbol en bloque es imposible. El equipo puede quedar partido en dos. En cambio, las cinco líneas de dos jugadores y la función de las posiciones provocan un medio campo muy poblado y crean las condiciones más favorables para el contraataque ideal, el contraataque corto que permite el acompañamiento desde la zona de lanzamiento a la zona media. El acortamiento de distancias entre líneas y hombres debe hacerse al compás del ataque, todos al unísono. Le corresponde a los de atrás "empujar" a los volantes, pues las líneas de atrás gobiernan a las de delante. Pero cuando nuestro equipo está en la ofensiva y pierde la pelota, son las líneas de adelante las que deben achicar los espacios bajando inmediatamente. Inmediatamente los atacantes netos se convierten en defensas". El "todos atacan y todos defienden" que se lee al inicio del fragmento sería definido por Rinus Michels como un "fútbol de acordeón", y tanto ese método de fuelle como el "contraataque ideal" al que se había referido Zubeldía eran mecanismos que el holandés admiraba, y que perfeccionaría. Antes de hacerse cargo del conjunto barcelonista, Michels pudo presenciar las semifinales de la Copa del Generalísimo que el Barça de Buckingham disputó contra el Atlético de Madrid dirigido por Marcel Domingo, equipo al que el propio Ajax se midiese en la semifinal europea de 1971, una eliminatoria que hubo de ser remontada en la vuelta. Sobre el estilo de combinación de los de Vic Buckingham, el neerlandés manifestó que la idea era adecuada, pero que adolecía de precipitación: "Es fundamental dominar el centro del campo. Considero que el Barcelona juega demasiado rápido". Por el contrario, Michels alabó un planteo táctico de Domingo que, a su parecer, conseguía "un fútbol sumamente peligroso. Juegan muy veloces y son temibles al contraataque. Tienen el patrón de juego bien definido, donde se muestra el trabajo de Marcel Domingo, y cada jugador desempeña su misión con eficacia. Esto es importante, El Atleti tiene la virtud de que juega un fútbol de acordeón, en que tan pronto todos defienden como atacan. Dominan bien el centro del campo y sus delanteros tienen movilidad". Por su parte, uno de los protagonistas de aquel Atleti, la leyenda rojiblanca Adelardo, dejó una lectura en

primera persona para *El País* en la que insistía en la preparación del mecanismo: "De mis 17 años en la casa, jamás vi a un Atlético semejante, muy moderno y vistoso, que salía a la contra como los ángeles. Normal, después de ensayarlo tanto".

Pero no bastaba con distribuir bien a los futbolistas y cuidar el contragolpe, sino que el dominio de la zona media también implicaba una lectura equilibrada de la fase de posesión que Zubeldía explicó así: "Creemos en la importancia del medio campo. Naturalmente no basta con controlar esta fundamental zona de gestación. Es necesario saber administrarla. Mal utilizada podemos caer en la habitual "fulbito" ("tómala vos, dámela a mí"). El fútbol de pases cortos sin la variación del fútbol de pases largos, o viceversa, provoca resultados negativos. El corto termina por amontonar rivales y compañeros. El largo concluye con pelotas rifadas y choques. Pero no basta decir a los jugadores: "quiero el dominio del medio campo". Es necesario que la posición y función de los jugadores facilite la concreción de esa finalidad. Hay sistemas de juego estructurados con la mira puesta en la conquista del medio campo, pero la errónea posición y función de los jugadores hace dificultoso su logro. Entonces se cae en la desorganización". Según el argentino, meterse atrás y salir sin escalones era tan perjudicial como estar bien distribuidos pero entender mal el dominio del balón. Con similar aversión, a esa posesión intrascendente se referiría Michels en repetidas ocasiones. Al poco tiempo de llegar al Barça, en su primer trofeo Joan Gamper los catalanes se enfrentarían al Chacarita Juniors de Argentina y al Honved de Hungría, citas que el neerlandés aprovecharía para criticar la lectura de la posesión tanto de un equipo argentino que no había sucumbido a la influencia del fútbol táctico como del actual juego húngaro. Para *Mundo Deportivo*, el futuro entrenador azulgrana dijo que "Chacarita practica un juego típicamente sudamericano, y eso es peligroso. Juega a un ritmo extremadamente lento, que resulta contagioso", y sobre los húngaros apuntaría que "a parte de la época de los Czibor, Kocsis y Puskás, el fútbol húngaro ha sido muy bueno, pero poco efectivo. La falta de gol del Honved fue derivada de hacer un juego para la galería, de esta forma se puede estar jugando horas sin meter un gol". Con admirable precisión, la historia recuerda a Michels como un entrenador que creaba equipos tan bellos como arrolladores, una compensación entre estética y práctica que, tras su primer año en el Barça, el holandés habría confirmado al periodista Mario Durán al decirle que "los aficionados son exigentes, quieren un Barcelona efectivo, aunque el juego no resulte espectacular. Y yo deseo ambas cosas". Tanto como su antecesor Buckingham, el neerlandés renegaba del fútbol especulativo, pero no por ello estaba de parte de los equipos solo porque poseyeran el balón o de los jugadores artísticos por el mero hecho de serlo, sino que su reconocida inclinación por las formas no descuidaba nunca el sentido pragmático. Y es en la alternancia adecuada de pases cortos y largos que escribió Zubeldía, en el ritmo propio y la sorpresa en el rival, donde se encontraban tanto el gusto como la verdadera pretensión de un Michels en cuyo ideario el concepto de buen fútbol decía claramente: poseer el balón, verticalizar con seguridad y crear el mayor número de ocasiones de gol. El holandés dijo que el Honved jugaba "de cara a la galería", lo que a primera vista ha de extrañar atendiendo a que en este texto se ha contado que si algo diferenció a la gran Austria de los treinta y a su continuadora danubiana Hungría fue la mayor decisión de esta en campo rival. En *Puskás sobre Puskás,* Taylor y Jamrich señalan lo siguiente sobre la gloriosa selección magiar, como apuntase Michels en su referencia al Honved, extinta para los años sesenta: "No cabe duda de que los húngaros estaban acostumbrados a pensar seriamente sobre el fútbol y cómo debería de jugarse. En el periodo de entreguerras, sus jugadores se convirtieron en modelos de un fútbol de ataque, inteligente e individualista". Gracias tanto al bloque como al talento exorbitado de un Puskás que dominase la competición local en los cuarenta, Hungría ganó los Juegos Olímpicos de Helsinki en 1952 y llegó a la final de Suiza ´54 con un fútbol tan coral como incisivo. Pero tras la Segunda Guerra Mundial el país había quedado en la zona este y, como recuerdan ambos escritores, "las segundas elecciones, en 1949 (las llamadas elecciones "lista única" en las que solo se presentaron los comunistas), marcaron el comienzo de un régimen dominado por los estalinistas y controlado por la Unión Soviética". Como cualquier modelo de sociedad que varía, e incrementado por ser de carácter despótico, el soviético acabaría por adecuar el

comportamiento de los ciudadanos a sus postulados, pero antes de que transcurriese el tiempo necesario para que sucediera lo inevitable, con un Gusztáv Sebes tan comunista como buen entrenador a cargo de la selección desde el mismo año 49, el Equipo de Oro explotaría en la primera mitad de los cincuenta. Para finales de los sesenta, tanto Hungría como Bulgaria, Rumania o Checoslovaquia llevarían más de veinte años perteneciendo a la URSS, y la mayoría de sus equipos ya practicaba un estilo de juego distinto al que los particularizó desde entreguerras hasta los inicios del bloque soviético, el fútbol a menudo amasado y poco incisivo que rechazaba Michels. Pedro Escartín definió como "fútbol-máquina" a la selección de la Unión Soviética que entraba en los sesenta: "el ruso es un jugador fuerte, muy correcto, no tiene mala intención y busca el balón y no al contrario. Juega para el bloque, no piensa en lo personal y cumple fielmente las órdenes que le fueron dadas (...) Pero el fútbol ruso tiene el grave defecto de no ser imaginativo, excesiva máquina de jugar (...)". En síntesis, se trataba de un patrón homogéneo, un "fútbol socialista", como lo llamaron varios protagonistas y otros muchos redactores, que refleja más que cualquier otro los valores del sistema en el que se forjó, un comunismo que a inicios del siglo XX aún se creía viable como sistema social a gran escala. Una breve explicación histórica reflejará dicha variación.

El modelo socioeconómico que se asentó en el Imperio ruso después de la guerra civil acontecida en el país entre 1917 y 1923 fue el comunismo de raíz marxista, convertido en marxismo-leninismo. En un territorio que para inicios del siglo XX vivía bajo sumisión a los zares, el inteligente político Lenin aprovechó la movilización ciudadana por la Gran Guerra de 1914 para extender las subversivas teorías que desde mediados del siglo anterior dejasen escritas los pensadores Karl Marx y Friedrich Engels en su *Manifiesto Comunista*. En su obra, el alemán Marx había reaccionado ante las condiciones de explotación que, a su parecer, se daban en Europa desde que el capitalismo moderno culminase en la Revolución Industrial en la Inglaterra del siglo XVIII, extendiéndose a varios puntos europeos con celeridad. Revolución que cambiase totalmente el modo de vida de unos ciudadanos que, de la noche a la mañana, habrían pasado de realizar sus

oficios o labrar sus campos en compañía familiar y en sintonía con los productos que creaban y con la naturaleza a trabajar en industrias, a menudo urbanas, alejadas y siempre cerradas, con la sola misión de activar máquinas, en una labor alienante donde las virtudes de cada uno no tenían valor. Según Marx, el sistema dividió a la sociedad en dos nuevas clases sociales, una burguesía minoritaria que controlaba los medios de producción con dinero procedente de un sangriento pasado colonial y, del otro lado, un proletariado pobre cuyos obreros eran explotados en esas fábricas donde, a cambio de jornadas intensivas de trabajo, los patronos les pagaban un salario que cubría lo imprescindible para mantenerlos vivos y activos. Según la filosofía de acción marxista, para revertir la situación no se podía ser cómplice con una historia escrita por los distintos dominadores a lo largo de los siglos, y no cabía otra posibilidad que la de que el numeroso proletariado se revelase contra los explotadores, imponiéndose a ellos para crear una nueva sociedad obrera donde todo rastro de estamento jerárquico, fuese burgués, monárquico, aristocrático, religioso o nacional quedase abolido. A su teoría la llamó comunismo científico, y postulaba que en la naciente y supuestamente ideal y definitiva sociedad no podría existir ningún tipo de propiedad privada que de nuevo llevase a la estratificación vertical, sino que la única propiedad posible sería de carácter público, y estaría a disposición de todos según el reparto equitativo entre unos ciudadanos que trabajarían dignamente por el bien común. Problemas técnicos a gran escala aparte, sin duda en su génesis la teoría marxista buscaba justicia. Pero el filósofo obvió que la sociedad está formada por seres humanos, con sus instintos y aspiraciones, no por entes inmateriales como esas clases a las que se refirió, y que hay tantos bondadosos o conformistas como malvados o ambiciosos, algunos de tendencia grupal como otros de inclinación individual. Así fue que, como la francesa antes de ser sofocada, la Revolución rusa surgió por la igualdad y, al tiempo, dejó un país nuevamente sumido al dictado de unos pocos gobernantes que, manipulando la teoría marxista a su antojo, eliminaron una libertad individual que ya de por sí limitaba un sistema que partía de una dudosa interpretación de la libertad, al estar sometida a la obligación comunal. Independientemente de las circunstancias, con el paso

de los años el comunismo expresaría en la sociedad soviética de a pie uno de sus principios fundamentales, ese conceptual trabajo compartido que, bajo el dogma, llevaba intrínseco la necesidad de no destacar sobre el grupo. Y como composición de personas que es, por supuesto el deporte no escaparía a los efectos. En el fútbol primero ruso y después soviético, el modelo comunista se tradujo en equipos que practicaban un juego asociativo y generoso, que progresaba mediante la seguridad del pase corto, pero a los que les faltaban aspectos individuales tan importantes en la actividad competitiva como la valentía para arriesgar o la creatividad diferencial de los jugadores de natural virtuosos. Un estilo socialista cuyo primer estandarte fue el *passovotchka* del Dinamo de Moscú en los años cuarenta, con los exitosos Borís Arkádiev y su sucesor Mijaíl Yakushin, quien declaró que "el principio que rige el fútbol soviético es el del juego colectivo". No en vano, la URSS ganaría la Eurocopa de 1960 y Checoslovaquia alcanzaría la final del Mundial dos años después con un gran fútbol grupal y controlado del que salieron dos Balones de Oro: el portero Lev Yashin y un Josef Masopust que refleja como pocos galardonados el modelo de centrocampista asociativo. Aun con estos méritos y los del citado Máslov, si Rinus Michels fue seguidor del fútbol húngaro de entreguerras, no lo sería del de la mayoría de equipos de la Unión Soviética.

## ENTRE HAPPEL Y MICHELS, HOLANDA IMPACTA EN EUROPA

La derrota en la final europea contra el AC Milan se uniría a un para entonces decepcionante subcampeonato doméstico, ya que en la temporada 68/69 el Ajax quedó tras el Feyenoord. Además de arrebatar a Michels su primer título liguero, serían los de De Kuip quienes durante la campaña le "obligasen" a cambiar de dibujo, tras la dominancia en los enfrentamientos directos de ese año. A las órdenes de Happel y con la categoría de Williem van Hanegem en el centro y Coen Moulijn en el ataque, los de Róterdam recuperarían la Eredivisie. No conforme con ello, meses después el Feyenoord adelantaría al esperado Ajax como primer equipo holandés en levantar la Copa de Europa, tras derrotar 2-1 al Celtic en la final disputada en el Giuseppe Meazza. En la Copa de Ferias de 1969, ya con su 4-3-3 de gala en liza el Ajax fue frenado en semifinales por un Arsenal que encaminó la eliminatoria en la ida, con tres goles sobre un césped embarrado. Poco durarían las desgracias en el club blanquirrojo, ya que para el que sería su último curso al mando del Ajax, el 70/71, Rinus Michels ganaría su cuarta Eredivisie y su primera y única Copa de Europa, con un 2-0 en Wembley sobre el Panathinaikos dirigido por Puskás, resultado sobre el que el entrenador húngaro declaró que había sido incontestable, incluso esperado dado el fútbol visto en el Ajax a esas alturas. Ya como campeón de Europa, en una entrevista para *Mundo Deportivo,* Michels fue interpelado por Casanovas sobre qué equipo desarrollaba mejor fútbol en la actualidad, pregunta a la que el técnico contestó que aún era el Feyenoord. Como pasase con Zubeldía, las similitudes futbolísticas e incluso personales entre el holandés y un austriaco que se definiría en la revista *Der Spiegel* como autoritario y disciplinado, eran destacables. Con ocasión de un enfrentamiento entre el Feyenoord y los catalanes Happel atendió a la *RB*, entrevista en la que se refirió a sus raíces, a sus preferencias estilísticas y al juego de su equipo: "El fútbol austríaco, la escuela vienesa, ha pasado a ser una historia antigua que se terminó en 1954, en la Copa del Mundo disputada en Suiza. Teníamos un equipo formidable. Se practicaba todavía un fútbol rico, completo y espectacular que nos divertía y divertía también a los espectadores. El juego -austríaco- ha cambiado totalmente de estilo, y muy pocos son los jugadores que destacan por su aplicación en el juego. Todo lo basan en un gran derroche de fuerza física y un vigor atlético que nada tiene que ver con la antigua escuela vienesa. De lo que puedo sentirme orgulloso y satisfecho es de haber conseguido dar a mi equipo una personalidad bien definida, gracias a un juicioso entendimiento y sincronización entre el fútbol atlético, de combate, y el juego inteligente y técnico. Digamos, para terminar, que el aspecto psicológico de mi labor, en el que he insistido mucho, me ha ayudado enormemente a crear un clima de amistad completa, y que yo considero a todas luces indispensable, mucho más que a las consideraciones tácticas de las que no hay que hacer un elemento

capital cuando se trata de equipos a nivel de campeones. Tanto los equipos como los partidos quedan supeditados a un golpe de fortuna o a una acción imprevista, por lo que todo el presente y el futuro de una organización no puede confiarse solamente al método y al cálculo".

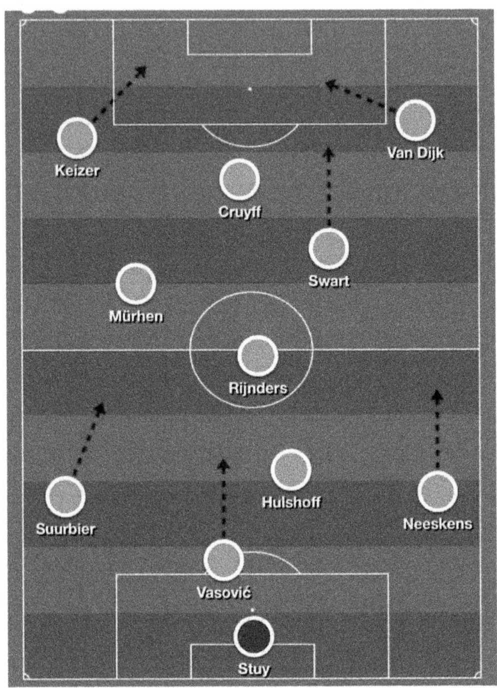


**Alineación 4-3-3 de la final de Copa de Europa**

Como se podía esperar de quien jugase en la Austria de los años cuarenta y entrenase en la Holanda de los sesenta, Ernst Happel hablaba del "derroche de fuerza física y vigor atlético" que se apoderó de los equipos de su país desde una visión condenatoria. Pero en cualquier caso, el basado en la fuerza era un tipo de juego que, como todo, tenía distintas lecturas, según los aspectos que estas abarcasen y según quién se refiriese a él. Si un Happel que había sufrido el fútbol fuerza en el sentimiento con su país y en la práctica frente a argentinos o italianos lo cuestionó, en la España más castiza se leía con admiración. Sobre el Ajax que derrotase al Atlético de Madrid en la semifinal europea, a modo de halago el locutor Matías Prats Cañete dijo lo siguiente: "sin duda es uno de los estandartes del llamado fútbol fuerza, basado en una gran preparación física y constante entrega". Además de analizarlo desde el prisma pasional de la furia, Prats redujo el análisis del partido a la intensidad del equipo, obviando, por ejemplo, la elaboración en torno al balón. Valoraciones externas a un lado, lo cierto es que ambos técnicos dirigieron sus equipos holandeses con la intención de quebrar la tendencia europea y equilibrar ese vigor atlético con un entendimiento del juego en toda su amplitud. En *Brilliant Orange* se recogen las siguientes declaraciones de Michels al respecto: "En el cuarto y quinto año intenté encontrar pautas para poder superar las paredes de defensas. Tuve que dejar que los jugadores del medio campo y los defensas participaran en la construcción y el ataque. Es fácil decirlo, pero es un largo camino por recorrer, porque lo más difícil no es enseñarle a un defensa participar en el ataque, porque le gusta, sino encontrar a alguien que lo cubra. Al final, cuando tienes movilidad el juego posicional del equipo hace que todos piensen: "yo también puedo participar, es muy fácil". Mecanismos totales como atacar en bloque, desde cualquier zona del campo, desde cualquier futbolista, ser móviles e imprevisibles en las llegadas, sumar efectivos en la mitad del campo rival tanto para asociarse como para defender, buscar triangulaciones en la elaboración a través de apoyos, estar en los espacios en posesión y ocuparlos en transición, alternar pases cortos y largos, abrirse en ataque y cerrarse en defensa, ser solidarios en las permutas y los auxilios defensivos o asfixiar al rival tanto con el balón como sin él son actos que iniciaron su desarrollo con ellos. Desde los campeones holandeses en adelante, el fútbol de WM en que los defensas defendían y los atacantes atacaban, el *catenaccio* o el *antifútbol* donde para que los atacantes brillasen el foco se ponía en la defensa, o el fútbol moderno que, en su rapidez, otorgaba licencias puntuales a determinados futbolistas irían quedando atrás, y su lugar lo ocuparía un juego grupal absoluto donde todos los jugadores harían de todo a demanda de las circunstancias del partido. Con Happel y Michels no extraña que, tras los primeros títulos continentales, se hablase del nacimiento de una nueva escuela. Para 1971, ya con la inminente llegada de Michels al

Barça, en la *RB* se lee lo siguiente: "Los jugadores holandeses no destacan solo en ataque o en defensa, sino que han logrado un dominio sobre el justo intermedio. La escuela holandesa subraya todo el medio campo. Aquí es donde decide su táctica ofensiva o defensiva; aquí es donde los atacantes defienden y donde los defensas atacan; es donde los jugadores holandeses ejecutan su gran fuerza para dominar al contrario".

# Capítulo 4.

# El fútbol de Michels desde España

Rinus Michels cogió un Ajax que no ganaba títulos y abandonó uno acostumbrado a hacerlo; en el camino, creó la escuela holandesa. Para dar buena cuenta de los avances históricos, el sustituto Kovacs conquistaría las dos siguientes Copas de Europa con similar filosofía de juego y prácticamente el mismo grupo de futbolistas. Como cuando abandonase su profesorado para entrenar amateurs, serían los caprichos de una psique insatisfecha los que llevarían a Michels a rechazar la posibilidad de hacerse eterno en el club de su ciudad, en pleno apogeo económico y futbolístico. A la grabadora del periodista Theo Stolz, el técnico declaró que "si hubiera seguido en el Ajax habría desaparecido toda la aventura de mi vida, y esto es precisamente una de las cosas que más me atraen del fútbol. Me gusta ser pionero". Además de la posibilidad de ser mánager y de la siempre importante oferta económica que, para Michels, "constituye la mejor prueba de que se está contento con el trabajo", ser el primer exportador de esa exitosa escuela y tener la posibilidad de sublimar el estilo con la capacidad económica de la nueva entidad fue la situación que impulsó al General hacia Barcelona. Pero en una España con el mercado cerrado hacía casi una década, no todo sería tan sencillo. Durante sus vacaciones en la costa mediterránea, el líbero del Feyenoord Rinus Israel atendió a *Mundo Deportivo*, mostrándose seguidor del fútbol español, reflejó las dos realidades en una comparativa muy atinada: "Ajax y Feyenoord poseen grandes conjuntos. Su fuerza, indiscutiblemente, radica en el sentido de conjunto y apoyo. En España hay muchos buenos jugadores, pero se prescinde algo del juego de equipo. No existe el debido apoyo

entre líneas y no es el juego del todos para todos". Dolida por no poder ganar títulos solo con la suma de figuras que permitía el capital de un club como el Barça, en lo que trató de ser un alegato de justificación del estilo moderno desde la culpabilidad a su vertiente de fuerza, a inicios de los setenta la redacción de *RB* escribe: "El fútbol ha sufrido una lenta transformación desde sus tiempos heroicos. A medida que los resultados iban adquiriendo más trascendencia, tanto por su proyección económica como de prestigio, la alegría del juego fue derivando hacia una mentalidad que nos atreveríamos a calificar de conservadora. Todos recuerdan la serie de polémicas que creó el descubrimiento de la famosa WM y su implantación. El fútbol se convertía cada día más en un objeto de tácticas, como puede serlo el ajedrez, se impusieron tácticas defensivas, es decir, la obsesión por la destrucción del juego en lugar de la construcción genial que había permitido la creación de figuras míticas por su habilidad, imaginación y capacidad resolutiva. El fútbol se masificó en el sentido de que la trabazón de equipo dirigido a unos objetivos triunfaba sobre las grandes habilidades individuales, equipos mediocres -dentro de una misma categoría- podían alternar sin hacer el papel de víctima con los grandes equipos tradicionales. Esta ha sido una tendencia general en el fútbol mundial y que nos ha afectado a nosotros directamente. Pero, como es lógico, cada táctica supone la búsqueda de una contratáctica, y el fútbol moderno ha encontrado la manera de romper las posiciones destructivas y devolver al fútbol la alegría del gol, que es su razón de existir. Pero ¿qué pasa en España? Creemos que se ha asimilado del fútbol moderno solamente su aspecto destructivo y no se ha sabido encontrar la contratáctica que permita destruir esas posiciones cerradas y conseguir los goles decisivos. Basta con repasar la tabla de resultados para darnos cuenta de esta tremenda realidad". Tras su primera temporada en el cargo, Montal y Michels concedieron una rueda de preguntas a distintos periodistas reunidos en el auditorio de Radio Peninsular. Preguntado tendenciosamente sobre si el fútbol encontrado en España era mejor o peor que el holandés, el técnico contestaría: "Hay tres calificaciones: mejor, peor o diferente. En efecto, era diferente". Y es que como comprobase Michels, contra su búsqueda de la plantilla adecuada para desarrollar su propuesta de juego, en España no solo estaría la distinta concepción futbolística a la que tanto Israel como la redacción de la *RB* se refiriesen, sino también un espectro social que englobaba todo. Lo estrictamente deportivo no era más que la superficie, pero sería el funcionamiento inmediato al que el holandés habría de acogerse, y no hay nada que muestre mejor las prestaciones que ofrecía el fútbol español para 1971 que un repaso a la evolución de la selección española en la década recién acabada.

## LA SELECCIÓN ESPAÑOLA A SU LLEGADA

Históricamente España no había sido una potencia en fútbol de selecciones, como demuestra la carencia de títulos con la que estrenó la década de 1960, pero los rudimentos de su juego habían mejorado en los cincuenta gracias a la influencia de determinados entrenadores, la ayuda directa de los futbolistas europeos llegados tras la apertura de mercado en 1956 y la de unos sudamericanos entre los que destacaba el criado en `la Máquina' rioplatense Alfredo di Stéfano. Contagiados del talento de sus estrellas, los dos clubes referentes del país entrarían en los sesenta como principales dominadores de Europa con un fútbol poco táctico y muy inspirador. De la mano del director del influyente diario francés *L'Équipe* Gabriel Hanot y con la colaboración de ilustres directivos españoles como Bernabéu y Saporta, para entonces un naciente organismo UEFA había creado la Copa de Clubes Campeones Europeos, una suerte de heredera de la desprestigiada Copa Mitropa que igualmente arrastraría a la Copa Latina. Lanzada por el entrenador y directivo de la FIFA Hugo Meisl en los años veinte, la Mitropa enfrentó a los equipos centroeuropeos e italianos, mientras que la Latina surgiría en los cuarenta para confrontar a estos últimos con sus vecinos españoles, franceses y portugueses. Desde sus estrenos en 1955, tanto la conocida como Copa de Europa como la Copa de Ferias captarían toda la atención, lo que acarrearía la clausura dos años después de una Copa Latina que dejase a Barça, Madrid y AC Milan como principales ganadores, con dos títulos cada uno. Dado el nivel

de beneficios generado por la nueva Copa de Europa, la UEFA decidió crear un torneo similar que disputasen las selecciones. La idea de este formato no era nueva, sino que había salido de las cabezas del propio Meisl y del secretario de la Federación Francesa Delauney a finales de los años veinte, pero dificultades y negativas de determinados países hicieron que se abortase la creación. Superados traumas bélicos y distintos tipos de intereses, a finales de los cincuenta esos impedimentos parecían salvables, por lo que surgiría una Copa de Naciones de Europa cuya primera edición se desarrollaría en 1960 y a cuyo nombre principal se anexionaba el de Copa Henri Delaunay, en honor al recientemente fallecido ideólogo y secretario general de la UEFA.

Gracias a la nacionalización de muchos foráneos, la selección española llegaría a la primera Eurocopa con un juego similar al exhibido por sus principales clubes, pero distintas circunstancias dadas a lo largo de la nueva década harían que perdiese esa impronta futbolística, convirtiéndose paulatinamente en el combinado vulgar que había sido. A finales de los cincuenta el entrenador Manuel Meana se encargaba tanto de la selección absoluta como de una sub-21 recién estrenada. Para acudir a la EURO 1960, la Federación Española instó a Meana para que designase un ayudante, en la que sería "una bicefalia aún frecuente en la época", como definió aquellas direcciones compartidas el director del diario *AS* Alfredo Relaño. Meana acabó por presentar su dimisión, y la federación lo sustituyó por una terna formada por José Luis Costas, José Luis Lasplazas y Ramón Gabilondo, comité seleccionador del que un Helenio Herrera encargado de la preparación periódica de lo que él llamó "Club España" dijo que "a veces quería justificar su presencia inmiscuyéndose en mis planes". Aquella España formaba en 3-2-5 y contaba con varios de los mejores futbolistas del mundo en ese momento. Al "genio del pase en profundidad" Luis Suárez, como lo definiese Puskás para la revista *Líbero*, le sería entregado el Balón de Oro a finales de año, tras sus títulos en el Barça. Junto al Arquitecto, en aquel ataque también formarían el "fantástico encarador de defensas" Gento o un Di Stéfano a quien el periodista Iñaqui Gabilondo disfrutase en su juventud y cuyas habilidades quedaron claras en una entrevista concedida a *AS* en 2019: "Jugaba a otro deporte. Jugaba por todas las zonas del campo, de delantero centro, de medio... antes, los arietes estaban ahí delante, esperando a que se la echaran. Jugar con Di Stéfano era como hacerlo con uno más. Era el mejor defensa, el mejor medio, el mejor delantero y el máximo goleador. Un tío deslumbrante". En junio del 59 España derrotaría 4-2 a Polonia en Katowice, con sendos dobletes de Suárez y Di Stéfano, y en noviembre se mediría a la Austria que Happel lamentaría ir perdiendo tras el Mundial de Suiza ´54. Con una delantera armada con Suárez, Eulogio, Arteche, Gento y Di Stéfano, una nueva goleada española por 6-3 refleja lo que todavía era aquel fútbol de los cincuenta, una propuesta donde lo prioritario no era dejar la portería a cero, sino hacer más goles que el oponente. En la crónica para el diario *Marca* recogida por Bernardo Salazar en *La Selección a través de sus crónicas*, Antonio Valencia lo recordó así: "El rotundo, pero abultado triunfo de la selección española sobre la austriaca ha sido el de una delantera sostenida por el entusiasmo de la base de cobertura del equipo. La selección española, si se compara con la de épocas clásicas, ha variado radicalmente su centro de gravedad. La historia de nuestro fútbol nos habla de victorias sostenidas por el esfuerzo de la defensa para montar centinela infranqueable sobre uno o dos tantos de diferencia. Ahora, el triunfo español, que me parece sintomático de un momento y un estilo nacional de juego, ha adquirido el carácter de aquellos que realizaba la selección húngara en su mejor momento, sobre la eficacia de una delantera fulgurante, capaz de doblar el número de tantos que podía encajar, imponiendo en su ataque el arma decisiva de todos los partidos". La selección "de épocas clásicas" a la que hizo referencia el periodista había elaborado el juego propio de los poderosos equipos vascos que, en los primeros compases del siglo, obtuviesen victorias de reconocimiento en Europa, entre ellas en territorio soviético. Ese estilo recio, directo y aéreo al que se refiriesen Planas o Burns Marañón, que respondía a las personalidades forjadas bajo inclemencias climatológicas que afectan tanto a la crianza de los jóvenes en las calles como al estado de los terrenos, así como a las influencias que trabajadores y equipos ingleses llevaron al País Vasco a través del golfo de Vizcaya. Por el contrario, ese nuevo "estilo nacional sintomático del momento" similar al magiar que se

lee había llegado a España gracias a los extranjeros, haciéndose realidad debido a la participación directa de muchos de ellos en el equipo. El sorteo de Francia ´60 deparó un partido entre España y la URSS, pero por obra de un gobierno español cuyo enemigo espiritual era el comunismo que apoyase a los republicanos en la Guerra Civil, aquella brillante selección no llegaría a la fase final del campeonato, ya que a través de la Delegación Nacional de Deportes se decretaría la renuncia al enfrentamiento ante una selección soviética que, a la postre, ganaría la competición. "Nos veíamos los mejores, capaces de ganar a cualquiera", sentenciaría Paco Gento.

Tras el fiasco europeo, tocaba prepararse para el Mundial. Habiéndose perdido España los dos anteriores, situación que echó por tierra los méritos del cuarto puesto obtenido en la Copa del Mundo Brasil ´50, el ex árbitro Pedro Escartín sería el encargado de aupar al equipo a la Copa del Mundo que en 1962 se jugaría en Chile. Pero al tomar el combinado nacional, quien fuese uno de los principales impulsores de las categorías inferiores de la selección aseguró que su labor concluiría cuando consiguiese clasificar al equipo, así que finalmente serían Pablo Hernández Coronado a la cabeza y Helenio Herrera quienes dirigiesen al ya referido Equipo de la ONU. Aunque en las constelaciones de su Barça y de aquella España Helenio respetaba el fútbol que nacía de sus jugadores, ya se ha dicho que su pretensión era del todo moderna. Precisamente Escartín, un entrenador clásico pero que estaba lejos de ser reaccionario, admiraba esa manera suya de llevar los equipos desde el estudio previo de los factores y la participación activa durante los partidos, como dejó claro en un texto publicado a mitad de la década de los cincuenta que el propio Herrera transcribió en sus memorias: "Nos gusta la forma en que Helenio plantea los partidos, porque siempre surge el detalle del técnico inteligente y conocedor del fútbol de hoy, mucho más difícil que el antiguo individualista, rígido en sus acciones. El fútbol de hoy es cada vez más preconcebido, y lo quieran o no los que aún defienden el "juega como quieras", obliga a pensar siempre no sólo en las ideas propias, sino también en las del adversario para reaccionar en el momento oportuno. Helenio sabe coordinar el estilo ofensivo y defensivo, cierra líneas de forma perfecta, escuda sus defensas, no ofrece huecos . En el estilo de hoy, maniobrero, evolutivo, difícil, necesitado de reacciones rápidas en lo posicional, el entrenador ha de vivir atento a los detalles. Hoy el jugador es pieza de conjunto, hombre al servicio de la idea general, no hay puestos definidos en el desarrollo del juego y circunstancialmente, todos pueden actuar donde cualquier compañero. Por eso lo de hoy es mucho más difícil que lo de antes. Herrera, viejo zorro de la estrategia, estudia los puntos débiles del contrario, conoce aspectos fuertes, plantea los encuentros en su ya famosa pizarra magnética que siempre le acompaña. Porque Helenio es pizarrista". Pero aquella selección de Coronado aún no era un equipo de pizarra, sino uno de individualidades sobresalientes al que no le acompañaría la suerte en territorio chileno. La veteranía de puntales nacionalizados como Santamaría o Puskás, la lesión previa de la Saeta Rubia, cuya importancia en el equipo quedase clara más tarde al decir el Mago que si "Pelé era un gran director de orquesta, Di Stéfano era la orquesta entera", el mal arranque contra Checoslovaquia y la derrota final contra Brasil mandaron a aquella España de vuelta a casa tras la fase de grupos. Aunque las finalistas Brasil y Checoslovaquia no sean sospechosas de iniciar el fútbol basado en la fuerza, aquel Mundial es recordado como uno de los más duros, con el duelo entre Chile e Italia conocido por `La batalla de Santiago' como partido de infausta referencia. Tras la cita mundialista, un nuevo cierre del mercado nacional y el cambio de rumbo durante la década dejarían atrás aquel mestizo equipo y su fútbol "juvenil, alegre, rutilante en algunos momentos", como lo calificase Luis Ruigálbez en *El Alcázar.* Y además se llevaría consigo el hasta entonces poco negociable sistema ofensivo de cinco atacantes.

La selección pasó a manos de quien fuese ayudante de Escartín, un José Villalonga que también pertenecía a tiempos en los que el intervencionismo desde el banquillo era limitado. Como demostrase en el Real Madrid bicampeón de Europa en 1956 y 1957, Villalonga conocía mejor que nadie el funcionamiento clásico en WM y el fútbol de libertad ofensiva, aunque en sus inicios con España intentó adecuar el mecanismo a esa tendencia táctica. Como se ha contado, desde que Brasil ganase su primer Mundial el 3-2-5 habia ido perdiéndose en una Europa donde,

entrados los sesenta, dominaban las zagas de cuatro hombres portuguesas e italianas, reforzadas estas últimas a menudo con un quinto jugador delante. Entre otros cambios dimanantes, los sistemas con defensa de cuatro facilitaron la marcación individual más cercana de los laterales sobre los extremos, por lo que distintos entrenadores optaban por retrasar a los atacantes de banda para liberarlos de la marca o para sacar a los defensores de su hábitat y crear huecos a las espaldas de estos. Una variante táctica sobre la que el propio Helenio Herrera se dijo ideólogo, y que explica en sus memorias: "Sigo utilizando mi táctica de los extremos atrasados, que considero sin antídoto. Recuerdo que empecé a utilizarla en los tiempos en que entrenaba al Atlético de Madrid. La primera vez ordené simplemente a los extremos que se mantuvieran lo más separados posible el uno del otro, con el fin de abrir la lateral y crear huecos libres por donde se filtrasen otros atacantes. Más tarde fui perfeccionando mi idea. Ordené que los extremos no solamente se abriesen, sino también que se retrasasen, de manera que si eran seguidos por los laterales surgieran huecos aprovechables en las líneas defensivas, y sí por el contrario, al verlos retirarse, los defensas permanecían en sus zonas, los extremos podrían controlar a placer el balón, organizando tranquilamente el juego. Con los extremos atrasados, como complemento de mi idea, hice que la tripleta central fuera la que atacara por las alas, desbordando a los defensas y a poder ser cruzándose en su trayectoria, para crear el desorden en las filas contrarias". Tras asegurar que el "verdadero problema es formar un equipo que juegue como tal", Villalonga descartó a extranjeros y oriundos, rejuveneció la selección y, para conseguir ese juego grupal, matizó con roles como el antes citado en los extremos u otros propios de la modernidad la WM de corte espontáneo que, con futbolistas como Di Stéfano, Rial, Kopa o Gento, le había llevado al éxito en la década anterior. Pero varios empates en sus inicios y un deshonroso 6-2 a favor de Escocia en el Santiago Bernabéu acabaron con la denominada Selección de la Esperanza antes de lo esperado. Con la recuperación de Gento y Suárez, el acomodo de Fusté y Pereda en el centro, Lapetra y Amancio en tres cuartos y Marcelino como ariete en otros responsables de la mejora, Villalonga se agarraría al 3-2-5 más natural para remontar el vuelo y llegar con opciones a una Eurocopa que se disputaría en territorio amigo. El duelo contra Irlanda de marzo del 64 acabó 5-1 para España, y la crónica de José Antonio Blázquez para *ABC* rezó así: "Tres defensas en línea flexible, dos hombres en la demarcación medular con cometidos concretos y línea atacante de cinco jugadores. Hacía tiempo que no se advertían tales primores en la escuadra nacional. Se enfrentaron a muchos equipos con la mixtificación de los ases importados y no había forma de hacer jugar a la española a un once nacional". Para inicios de los sesenta, ese "jugar a la española" que se lee en Blázquez tenía forma de WM y proceso de cinco para defender y cinco para atacar, y cualquier intento de modernización que pareciese temeroso sería duramente censurado. Tras vencer a Hungría, España alcanzó una final donde habría de medirse a la URSS. Esta vez el gobierno sí permitió el enfrentamiento, y es que tratándose de una final, además en suelo ibérico, se daba la situación propicia para reafirmar el orgullo tras una probable victoria. Como escribió Jimmy Burns, "de Franco se pueden decir muchas cosas, pero no que fuera tonto: era muy oportunista y vio la posibilidad de convertir una victoria futbolística sobre la URSS en un triunfo propagandístico". Se cumplieron las previsiones, España ganó 2-1 aquella noche del 21 de julio del 64 en el Bernabéu, en un partido que el periodista Gilera contó así en *ABC*: "El juego que no se hizo para el paladeo de las gentes fue el que no se pudo hacer por la tendencia del fútbol de hoy al esfuerzo de los sistemas defensivos y a la actuación de marcajes. Un análisis del juego permite decir que hubo mayor unidad y equilibrio en el equipo ruso por la mayor equidad y el reparto funcional del juego en medio campo, mientras la línea medular española estaba formada por piezas de distinto tamaño, pues otra vez fue Suárez el multiplicador, Fusté un sumando en la acción constructora y Lapetra un buen complemento activo. Hay que elogiar la multiplicación del lateral derecho Rivilla, la flexibilidad de Olivella, la muralla de Zoco y el ardor de un Calleja al que sólo hay que censurar sus regates arriesgados". En detalle, la crónica muestra los puntos discordantes de ambos estilos de juego, el socialista y el de distribución WM con leves pinceladas modernas, ya reseñados en los capítulos anteriores. Con tal admiración de la crítica española por el 3-2-5

ofensivo repetido por sus clubes y la selección, no extraña que el siguiente seleccionador, el antiguo jugador, técnico y directivo barcelonista Dòmenec Balmanya, fuese señalado como principal destructor de los sistemas nacionales. Pero antes de la llegada del catalán, Villalonga llevaría a España a participar en una nueva Copa del Mundo. Si además de jugar con cuatro zagueros, en 1962 Brasil había prescindido de uno de los delanteros del 4-2-4 para pasar a formar en 4-3-3, el Mundial de 1966 descubriría el 4-4-2 y el matizado 4-1-3-2, ambos sin extremos puros y con solo dos delanteros de partida. Como escribió Wilson en el séptimo capítulo de *La pirámide invertida*, "para Inglaterra ́66, la WM habría pasado a la historia". En clave España, todo apuntaba a que los tradicionalistas nacionales no tolerarían la reducción de piezas en la línea de vanguardia tras ganar la Eurocopa con cinco atacantes, exigencia que la victoria del Real Madrid en Copa de Europa reforzaría. El siempre reflexivo Marcelo Bielsa dijo que los cambios hay que hacerlos en tiempos de estabilidad, no dejándose llevar por el tremendismo de la derrota, cuyos impulsos pasionales negativos nublan el juicio sensato. Pero tras conseguir el primer título de su historia, España no se veía analizando la realidad para cambiar desde la cumbre. En el estreno mundialista, la selección española sucumbiría a la táctica y al rombo en el centro del campo que Lorenzo estableció en su Argentina, cuyos vértices inferior y superior funcionaban con la labor del capitán Rattin y la "notable jerarquía de jugador de clase, prestancia y manejo" de Ermindo Onega, como lo definiesen sus compatriotas de *Clarín*. Tras ganar a Suiza, la eliminación definitiva en fase de grupos sería contra Alemania Occidental, selección que luego sería derrotada en la final por las armas de Inglaterra, principal estandarte del 4-1-3-2.

Ya sin Villalonga en el banquillo, con una España otra vez perdedora y sin extranjeros, un Balmanya fuera de línea no dudó en quebrar definitivamente el mecanismo WM en su camino hacia el que pasaría a denominarse Campeonato Europeo de Naciones, que en 1968 tendría lugar en Italia. Con la apuesta por el sistema 4-3-3, tras los empates contra EIRE y Turquía sobre cuyo desarrollo Bernardo de Salazar escribió que "Balmanya insufló al equipo un espíritu eminentemente defensivo", la selección obtuvo plaza para los cuartos tras una inesperada derrota de Checoslovaquia contra

Irlanda, que hizo a la federación rechazar la carta de dimisión que el seleccionador había presentado en la previa. Lejos de creer que su propuesta de fuerza era un fracaso, contra Inglaterra Balmanya hizo una convocatoria que, después de la eliminación, la prensa no dudó en bautizar como la Selección del Miedo.

El combinado inglés que acabó con Balmanya seguía a las órdenes de Alf Ramsey. Como se contó en el segundo capítulo, en la cadena de influencias en suelo británico del estilo científico que inició el escocés McWilliam, Vic Buckingham, Arthur Rowe y más tarde Ramsey resultaron ser grandes continuadores. La Maravilla sin Alas que construyó este en 1966 giraba alrededor de la figura de Bobby Charlton, otro de los delanteros que, como el uruguayo Piendibene a inicios de siglo, los citados Sindelar, Hidekguti o los argentinos Pedernera y Pontoni a lo largo de los años treinta y cuarenta, su admirador Di Stéfano ya en los cincuenta y el propio Johan Cruyff en los setenta, en la práctica resultaban ser futbolistas totales. Preguntado en 1971 sobre quién era el mejor futbolista del mundo, Rinus Michels contestó que los Balones de Oro Charlton y Cruyff compartían méritos, aunque Johan hubiese destacado ese año. Sin duda Michels había seguido las andanzas del combinado de Ramsey, y su equipo elaboraba ataques en torno a la libertad creativa de Cruyff similares a los británicos con Charlton. El capitán de aquella selección inglesa era el central Bobby Moore, quien en 1969 escribiría el libro *Fútbol moderno,* donde explicó las evoluciones de la época miradas desde la Inglaterra campeona del mundo. Dos años antes a su publicación, el mentado Panzeri escribió su *Fútbol, dinámica de lo impensado*, en el que expuso la idea de que "el único dibujo valedero del fútbol es el que se traza con la pelota; nunca el que se hace con la tiza", pensamiento que repetiría su admirador Menotti en la conocida cita "los esquemas son números de teléfono", simples modelos zonales donde la intuición del jugador tiene mucho que decir. Un Bobby Moore lejos de las preferencias generales del escritor bonaerense y el técnico rosarino, habría explicado el famoso paso inglés al dibujo "sin alas" en la misma línea que hiciesen los clarividentes argentinos, al decir en su libro que la eliminación de extremos de la *Wingless Wonders* no era tan radical como hacían ver los números y el apodo del equipo,

sino que, en acto, la formación de Inglaterra respondía más a un "flexible" 4-3-3 que a un 4-1-3-2. Sobre el incierto dibujo 4-3-3 que en sus distintas concepciones usarían primero Brasil, luego Inglaterra, la España de Balmanya o Rinus Michels en sus equipos, y en concordancia con el tratamiento numérico de los sistemas por Panzeri o Menotti, Moore escribe lo siguiente: "Para los jugadores los sistemas no significan gran cosa. Raramente nos consideramos como una parte de una formación 4-2-4 o 4-3-3; esto pertenece más bien al reinado de la Prensa. Por otro lado, un equipo ha de contar con un esquema básico. Inglaterra irrumpió, para ganar la Copa del Mundo en 1966, con lo que fue conocido como nuevo sistema 4-3-3 (...) La primera vez que Inglaterra empleó el 4-3-3 fue contra Alemania Occidental en 1965. Empleamos luego el 4-3-3 contra España en Madrid, en diciembre de 1965. Del éxito de Inglaterra en 1966 y de lo que seguimos aprendiendo de otros equipos en sus proezas, un nuevo sistema de juego está surgiendo que reemplazará al 4-2-4, al plan WM y a todos los demás que le precedieron. No podemos denominarlo el 4-3-3, ni ninguna serie de números, pues es mucho más flexible que todo eso". Según el texto del inglés, en aquella selección esto se traducía en un Martin Peters que ayudaba en la defensa y hacía las "funciones de exterior izquierda llegado el momento" o un Alan Ball que, como "único extremo propiamente dicho", percutía por la derecha y pasaba a ordenarse como interior en espera, formándose en esta fase el reconocible 4-1-3-2 sin extremos donde Hurst y Hunt eran "puntas de lanza" y Charlton hacía las veces de constructor o delantero según su lectura le sugiriese. Por su parte, en un artículo titulado *¡Viva los extremos!,* Brian Glanville aseguró que en realidad Ramsey era partidario de los extremos natos, pero que la carencia de jugadores de primer nivel para esas funciones le había llevado a prescindir de ellos tanto en su último Ipswich como en la Inglaterra campeona del mundo. En dicho texto, Glanville apunta: "La escuela opuesta a los extremos, la creencia de que cualquiera puede hacerlo todo y de que, por lo tanto, los extremos especializados no son ya necesarios, surgió con la Copa del Mundo de 1966. Alf Ramsey, probando uno o dos y descartándolos de nuevo, para ganar, pese a ello, la Copa del Mundo, convirtió una necesidad en virtud. Desde 1966, en realidad, Inglaterra ha tenido poco éxito en su búsqueda de extremos; y por eso la política de jugar sin extremos ha continuado. Sin embargo, podemos demostrar que fue el propio Ramsey, en su primera gira como preparador del equipo inglés, en 1963, quien defendió y demostró el valor de los extremos". Como Michels a causa del Ajax que vivió con Reynolds, Ramsey tenía una idea de fútbol combinado, rápido y fluido absorbida de su etapa como jugador a las órdenes de Rowe, pero al igual que sucediese con Rinus, tanto el "ensayo y error" como las circunstancias estuvieron de parte de sus evoluciones. En relación a esa "creencia de que cualquiera puede hacerlo todo" con la que Glanville se refirió al, a su parecer, mal entendimiento de los técnicos modernos sobre los extremos, Michels precisaría para *RB* lo siguiente: "los extremos y los delanteros centro son los únicos jugadores que deben poseer unas características bien definidas, o sea, que son auténticos especialistas". Pero si las alas que admiraba Glanville estaban en cierta decadencia o, en el reverso de la moneda, el "esquema básico" en 4-3-3 al que se refiriese Bobby Moore empezaría a ser usado por muchos equipos, lo más interesante para la historia sería el cambio de estilo encerrado en ese "seguimos aprendiendo de otros equipos en sus proezas" que escribiese Moore, ya que esa variación fue lo que de verdad posibilitó que Inglaterra estrenase a un tiempo el casillero mundialista propio y el del fútbol moderno.

De entre todos los aspectos de la modernidad, fueron esas "proezas" futbolísticas las que estuvieron en clara lucha con el encasillamiento del fútbol en concepciones antiguas y modernas enfrentadas, al igualar el fondo de pensamientos tan dispares como los de Ramsey, Moore, Panzeri, Menotti, Michels y muchos otros. Panzeri no fue jugador, pero sus escritos estaban marcados por la pérdida del fútbol alegre en la Argentina de los sesenta, como ya se ha contado. El cronista tuvo una relación cercana con el jugador del River Plate de los años treinta Carlos Peucelle, antes nombrado en este texto, quien, ya como entrenador, seria uno de los principales responsables de la bella y ganadora filosofía de ataque que Muñoz, Moreno, Pedernera, Labruna y Loustau ejecutaban en la Máquina, fútbol que tenía su punto de partida en una labor de captación de jóvenes valores similar a la de Boter

en el Barça, llevada a cabo por el propio Peucelle. Escritor y ex jugador defendieron de manera conjunta que el futbolista no se crea cuando ya es adulto, sino que en esa etapa el técnico tiene un papel secundario, limitándose a ser un orientador sobre el campo del talento hecho en las calles. Este cara a cara excluyente entre talento natural y talento mejorado ya era controvertido en la época dado los resultados del "nuevo fútbol", pero el paso de los años iría poniéndolo aún más en cuestión, con los logros alrededor del balón de selecciones que fundían base táctica y liderazgo desde el banquillo con inspiración y creatividad sobre el verde, como la Holanda subcampeona del mundo en dos ocasiones o la propia Argentina ganadora del 78 y continuada con Maradona, Albiceleste que un Panzeri fallecido ese mismo año no podría disfrutar. "Solo hay dos maneras de jugar al fútbol: bien o mal", diría Dante y repetirían Menotti, Cruyff o Valdano. Tras observar que al menos entre ese fútbol considerado antiguo y en poder de los jugadores y la rama del fútbol moderno bien jugado desde el estudio previo las fronteras nunca estuvieron tan establecidas como pudiese parecer, el respetado periodista español Santiago Segurola comparó las teorías clásicas/naturales de Peucelle o Panzieri y las modernas/fabricadas de los distintos entrenadores que, con la pelota como referencia, triunfaron a lo largo de la historia. Sin cuestionar que priorizasen el "instinto, la inteligencia y la picardía" de los futbolistas que refirió Panzeri en su libro, postula Segurola que más que contra la táctica y la figura del entrenador en toda su amplitud, la guerra que los heridos defensores de la improvisación libraban en los sesenta era contra las rígidas propuestas defensivas que personajes mesiánicos como Lorenzo o Zubeldía implantaron en su país. Técnicos que, según Dante y los de su corriente ideológica, hacían creer con sus falaces estudios que la solución a todos los males del fútbol partía de ellos, cuando en realidad solo coaccionaban al futbolista negándole el balón y alejándolo del disfrute, lo que llevaría, de modo irremisible, al juego "recto que es choque, revolcón y pérdida de la pelota". Del estudio que Panzeri y Peucelle realizaron en 1959 se extrae una afirmación que, si bien no la destaca, parece ser tolerante con la táctica: "En el fútbol no existe ordenación posible que gane los partidos sin depender de la capacidad individual de los jugadores. La táctica puede dar un mayor rendimiento a un conjunto de valores a producir, en ciertos casos, la desorientación de los contrarios". En el Barça, serían Michels y el entrenador juvenil Laureano Ruiz quienes introdujesen las bases en el juego que primero un intuitivo Cruyff y más tarde un estudioso Guardiola conseguirían que triunfase. A principios de los setenta, Laureano dio una explicación sobre lo que, para él, era el fútbol de asociación con base táctica, distinto al de pura inspiración o al de clara libreta pero que se nutría de ambos: "Hace unos años el fútbol español brillaba por la inspiración y genialidad de los jugadores en un momento dado, pero esa época ha sido superada y el fútbol ha pasado a ser de asociación. En la actualidad, esa inspiración ha de estar canalizada a través del fútbol-asociación, sin que por ello los jugadores tengan que desechar la improvisación, porque por algo no son robots. Un ejemplo lo tenemos en Alemania, en que todas las figuras se adaptan a un plan preconcebido sin que por ello dejen de ser geniales. Al futbolista español no le gusta trabajar, no le gusta sacrificarse ni entrenarse, ni se ha adaptado al fútbol de asociación porque dice que le quita inspiración, cuando la inspiración y la improvisación son importantísimas, pero no durante todo el partido, sino en determinados momentos. El jugador no es una máquina, pero se le debe hacer jugar con vistas a un sistema que el entrenador debe establecer. En la escuela pasa lo mismo, el profesor marca la pauta. La fuerza, la preparación física es importante, pero no decisiva. El jugador ha de ser fuerte, pero también dominar el balón y ser inteligente". De entre los continuadores en el banquillo de las obras de Peucelle, Panzeri y Menotti, destaca la pareja formada por Ángel Cappa y un Valdano que, ya desde su posición de comentarista en la década de 2010, comparó la esencia del juego argentino con la del Barça dirigido por Guardiola, un cotejo que sin el debido análisis resulta chocante, dado el alto trabajo de mecanización de movimientos que siempre ha demostrado el Pep entrenador. Desde el trazo que Michels, Laureano, Cruyff, Van Gaal, Rijkaard y Guardiola delinearon en el Barça a lo largo del tiempo, Segurola trató de relacionar los pensamientos de todos los próceres del balón, desde Peucelle, Ramsey o Michels hasta Valdano, Van Gaal o Guardiola, haciéndolo precisamente en el

prólogo de *Fútbol, dinámica de lo impensado*: "Puede que el Ajax tuviera un aire de laboratorio que chocaba con la idea de improvisación que defendía el autor de *Fútbol, dinámica de lo impensado*, pero lo cierto es que el equipo holandés proclamó un mensaje de liberación que acabó con la tristeza del *catenaccio* y sus sucedáneos en todo el mundo. Mientras Panzeri aboga por la espontaneidad para construir el orden natural del fútbol, ellos consideran que el orden es el factor indispensable para alimentar la espontaneidad del jugador. Dos disposiciones opuestas, pero que conducen al mismo sitio: al fútbol bien jugado. La mayoría de ellos se han distinguido por un respeto reverencial a los principios de juego que soñaba Panzeri".

Con esa separación del juego entre bueno y malo más precisada aunque, en último término, igualmente subjetiva, se vuelve al punto en que Bobby Moore hablaba de una mejora de la selección inglesa por haber aprovechado las influencias de otros equipos, aceptación que, tratándose del carácter británico, no es un tema banal. En palabras de Moore, esas beneficiosas influencias crearon en Inglaterra un "nuevo estilo que le es peculiar", cuyo origen se remonta a la década de los cincuenta y que, como en la debacle argentina, tiene un momento dramático concreto. Pese a no reflejarlo en títulos, Inglaterra llegó al ecuador del siglo creyéndose acreedora de la única verdad futbolística, en una vanidosa ostentación de su papel de creadora. En 1953 la selección inglesa caería por 6-3 en Wembley contra la Hungría de Sebes, lo que supuso la primera derrota de la nación en su territorio. Al denominado Partido del Siglo le seguiría un 7-1 en contra al año siguiente, donde se esperaba la revancha y reafirmación de la supuesta supremacía del estilo directo inglés y acabó por ser el detonante del posterior cambio hacia un juego que, sin negar sus principios fundamentales, tornaba más elaborado. En un análisis de lo que supuso para el fútbol de su país aquellas abultadas derrotas contra la selección danubiana, Moore escribe: "Fuimos en otras épocas en Gran Bretaña presuntuosamente insulares, reacios a creer que el fútbol de otras latitudes no ofrecía más mérito que el ser una pálida imitación del nuestro. Más adelante nos tuvimos que convencer de que nuestros antiguos discípulos nos habían adelantado en ciertos sentidos, superando a los

maestros con estilo propio. Ahora vamos realmente a la cabeza, preparados a marcar nuevas directrices. Juzgo que el fútbol británico ha conseguido ya un nuevo estilo que le es peculiar. Aprendimos a dominar al fin las hábiles tácticas continentales, que aliadas a la ya tradicional velocidad, potencia y decisión británicas constituye una combinación formidable". Para Moore, el artífice de la fusión fue un Alf Ramsey "genial en la dirección de los hombres y en la meticulosa atención de los detalles. Inflando a sus jugadores de espíritu de equipo, disciplina e imaginación". Moore hablaba de un juego de conjunto donde todo sumaba, entre otras cosas la imaginación tan defendida por los amantes del libre espectáculo. En similar sentido, un Rinus Michels preguntado para *Mundo Deportivo* sobre qué grado de libertar creativa dejaría a los futbolistas a la hora de saltar al terreno de juego, contestó con claridad: "Cada jugador tiene una tarea específica a realizar dentro del conjunto. Pero una vez empezado el partido surgen muchas posibilidades de desarrollarlas. El fútbol no es un juego matemático. Lo más importante es conseguir que el jugador sea capaz de adaptarse a las distintas situaciones. Por lo tanto, no es aconsejable ni posible dar normas estrictas al salir al terreno de juego". Hasta aquí todo parecen puntos comunes entre ambos técnicos, pero en *Fútbol moderno,* el capitán inglés escribe: "El fútbol científico sustenta que en ocasiones es mejor dejar al adversario que tenga el balón. Si un equipo le acosa demasiado pronto, corre el riesgo de que el adversario reaccione prontamente y explote sus puntos flacos posicionales. Pero el retirarse a una base segura a menudo oculta unos objetivos de ataque. Atraemos a los adversarios, aguardamos a que las líneas de comunicación se extiendan sobre el terreno a jugar más allá de un límite razonable y nos lanzamos entonces a arrebatarles el balón para desencadenar un contraataque súbito a través de las brechas abiertas". Parafraseando la sentencia de Sun Tzu en *El arte de la guerra* usada por Rowe y años después por distintos entrenadores amantes de la posesión, el británico concluye dándole sentido opuesto: "El fútbol moderno puede trastocar teorías como que el ataque es la mejor defensa". Como se aprecia, la exposición que el capitán inglés hizo sobre el cambio de estilo responde acorde a las influencias británicas de Reynolds,

Buckingham o el propio Ramsey desde la lejanía sobre los equipos de Rinus Michels: la necesidad de mezclar técnica imaginativa con disciplina táctica; elaboración y velocidad con potencia y decisión. Pero como asevera Jonathan Wilson en *La pirámide invertida*, "es la disminución del espacio, la compresión del juego, el *pressing*, lo que marca el límite del fútbol moderno". Característica que, como Johan hizo en su autobiografía, Swart precisó en unas declaraciones recogidas en *Brilliant Orange*: "Después de dos años, todos sabíamos qué hacer. En cuatro pases estábamos en la portería rival, hoy en día se dan veinte pasas hacía atrás, de lado. No jugábamos así, fuimos por el gol. Podíamos jugar setenta minutos presionando". Y es en la explicación del mecanismo de juego que Bobby Moore hace en su libro, con los suavizados "en ocasiones es mejor dejar que el adversario tenga el balón" y "retirarse a base segura" por sistema, donde se encuentra la diferencia central de aquella excelente Inglaterra moderna con la revolucionaria Holanda de Michels, cuya pretensión era recuperar el esférico lo antes posible con un sometimiento al rival en todo el campo durante el tiempo que la capacidad pulmonar de los jugadores permitiese. Si, a grandes rasgos, lo que igualaba a Michels con Zubeldía era la presión sin balón y lo que lo distinguía era el trato a la posesión y a la creatividad, lo que lo emparentó con Ramsey fue el balón y lo que lo diferenció la lectura de la posición y la presión sin él. En similar sentido que los equipos de Marcel Domingo tan respetados por Michels, aquella Inglaterra aunaba estudio táctico y una concepción del contraataque que el neerlandés no descuidaría según qué momentos del partido, pero que Moore destacase sobre el resto de la propuesta esa "espera-reacción" en campo propio denota que las principales fases del plan inglés serían más parecidas a las desarrolladas por el resto de entrenadores modernos que a las de los holandeses que marcarían el fútbol total.

Por desgracia para la selección española de los setenta, precisamente a ese grupo de entrenadores modernos sin *pressing* y sin el balón como referencia pertenecieron los dos sucesores de Balmanya, primero un Eduardo Toba cuya mediocre y breve estancia a cargo de España sería pronto olvidada, y después un Kubala cuya trayectoria abarcaría incluso más que la de Michels en el Barça, pero que no mejoraría los éxitos de su antecesor. La eliminación de Italia ´68 a manos de Inglaterra supuso el sorpresivo nombramiento del doctor Toba como seleccionador español. Tras desarrollar su carrera en el Deportivo de la Coruña y el Real Oviedo durante los cincuenta, el gallego emigró a una Costa Rica donde ganaría el campeonato doméstico que abría la nueva década. En su regreso a España, Toba pasó por nuevos equipos de nivel medio, y en su oportunidad en la selección establecería un 4-4-2 basado en la fuerza. Tras empatar y perder contra Bélgica en el camino hacia México ´70, su selección fue contada así por Ramón Melcón para *Nuevo Diario:* "El doctor Toba confeccionó un equipo súper defensivo, con dos hombres de ataque únicamente. Una táctica súper defensiva y, lo que es peor, sin extremos. El señor Toba demostró que sus conocimientos sobre el fútbol moderno son tan escasos como mal asimilados. Con Amancio y Vavá solos en punta, frente a cuatro defensores enemigos, ¿qué podía esperar nuestro seleccionador a pesar de la abundancia de centrocampistas, que no hacían sino estorbarse unos a otros?". Tras quedar eliminado, Toba dimitió antes de concluir una fase de clasificación a la que restaban dos partidos intrascendentes, citas que dirigieron en grupo los tres entrenadores que encabezaban la clasificación liguera 68/69: Muñoz, Artigas y Molowny.

Para la llegada de Michels al banquillo del Barça era Ladislao Kubala quien, desde su estreno contra Finlandia en octubre del 69, llevaba la manija de una selección española a la que tampoco conseguiría clasificar para la Eurocopa 1972. Después de ganar 6-1 a los nórdicos en el debut del seleccionador y ser bien acogido su fútbol moderno por unos críticos que, tras un lustro de sinsabores, parecían ir aceptando la nueva realidad, el segundo rival de los de Kubala sería la Alemania actual subcampeona del mundo. En una crónica del partido para *Pueblo*, el periodista Miguel Ors apuntó lo siguiente: "El equipo de Kubala ha peleado con las virtudes de los héroes: coraje, velocidad, sentido de la anticipación, genio y furia. Un equipo homogéneo, unitario, exento de divismo, sustancialmente colectivo y práctico, donde se pasaba el balón en seguida, donde nadie se entretenía en el exhibicionismo personalista, donde primaba la responsabilidad social sobre la unipersonal. Rápido y, además, con valentía. Dos equipos con

tácticas muy semejantes y estrategias similares". Como se aprecia, la admiración futbolística de la crítica española por al ataque en masa de inicios de los sesenta, que a su vez conllevase la aceptación de los seleccionados extranjeros, había pasado, una década de mercado cerrado y modernizaciones después, a la resignación con el nuevo fútbol y a un análisis del juego desde valores nacionales como el coraje, la furia, la practicidad o la valentía. Un repaso a la década arroja como resultado que España fue eliminada de las respectivas competiciones a las que clasificó por Alemania Occidental, Brasil e Inglaterra, las tres últimas campeonas mundiales. El artículo de Ors acaba por comparar las estrategias de Alemania y España, algo que, lejos de ser casual, resulta aclaratorio. Para el ex internacional español durante los cincuenta y leyenda barcelonista Joan Segarra, de todas las campeonas que eliminaron a la selección española la que más influyó en el fútbol nacional fue la alemana, lo que no extraña tanto por la cercanía de ambos países -en comparación con Brasil e Inglaterra- como por los antecedentes políticos y los caracteres forjados en sus sociedades a aquellas alturas del siglo. Según unas declaraciones de Segarra para *Mundo Deportivo* a inicios de los setenta: "Hemos sido testigos de ejemplos distintos en cuanto al fútbol mundial, pero nos hemos guiado por el juego practicado por la selección alemana, que posee una buena preparación física y técnica, y con esquemas tácticos muy bien planteados". En efecto, el Kubala entrenador surgía muy preocupado de la táctica y del desarrollo de un fútbol móvil y rápido, signos claros de modernidad. Pero a la vez nacía en una España perdedora a nivel de selecciones e indefinida en cuanto a propuesta de juego, por lo que, además de apelar a la furia como explicación de las victorias o a la falta de ella como principal culpable en las derrotas, en sus respectivos equipos se apreciaban planteamientos mirados desde el pleno estudio del rival, con estrategias cambiantes cuyo objetivo principal era minimizar las virtudes ofensivas del otro. Dado ese preciso análisis táctico y el nivel individual de muchos de los futbolistas que España nunca dejó de generar, los de Kubala resultaban equipos competitivos desde la reacción, pero tan poco estables como identificables.

En un suplemento de *La actualidad española*, el propio entrenador definió sus alineaciones y habló de los partidos disputados por España en los años 1971 y 1972. Tras el amistoso contra la débil Grecia, se lee en su análisis: "De nuevo el 4-3-3. A Costas le incumbió establecer la barrera del "4" defensivo, pero también con proyección hacia el ataque. Mientras Amancio era un extremo puro, Rexach tenía más ductilidad. Arriba estuvieron comisionados de encontrar con sus centros la cabeza de Gárate o luego Quini, también la de Luis y Marcial". Con nombres de tamaño talento parecía una alineación del todo propositiva, pero los dos siguientes duelos demostrarían que, cuando se trataba de un partido oficial o de un rival potente, importaba más la anulación del equipo contrario que el proceso de estudiarlo y, sin descuidar sus puntos fuertes, dar prioridad e iniciativa al buen jugador propio. España ganaría 3-0 contra una Irlanda del Norte que lejos estaba de ser temible, y Kubala explicaría el plan así: "La singular clase de Best impuso tomar el máximo de precauciones. 4-1-2-3". Cuidados en forma de defensa de cinco que volverían a ser necesarios ante una Italia sobre la que "había que tomar precauciones. Por primera vez recurrí al 1-2-3-3. La inteligencia de Tonono fue aprovechada para que jugase de líbero. Sol y Gallego tuvieron, como el propio Tonono, movimientos laterales. Claramunt enlazaba con el primero en sus repliegues y apoyaba a Amancio en profundidad". Además del líbero escoba, en el rol del valencianista Claramunt Kubala copió de Italia la figura del carrilero encarnada en Giacinto Facchetti. El zurdo había sido una de las novedades principales del *catenaccio* en los sesenta, un lateral con influencia a lo largo de toda la banda que era vaciada por sistema durante los partidos. En el juego defensivo y de salida rápida de Kubala, el mecanismo de ataque solía responder a la usanza clásica, con penetraciones constantes por los costados y centros a la cabeza de un punta de área. De ahí hasta su eliminación contra la URSS, el técnico no dejó de adecuar sistemas y explicar los porqués de los cambios siempre en función del oponente. Ya en 1972, en un texto para la *RB*, Jacky Orep habló de las virtudes de entrenador moderno de Kubala, de sus preferencias tácticas e, indirectamente, de la consideración de inferioridad que a esas alturas tenía el fútbol español en relación al de otros países:

"A Kubala nadie puede negarle el conocer perfectamente cuál era el juego y la calidad de los contrarios. Por ello dispuso una alineación con exuberancia de elementos defensivos capaces de poner barreras a los más audaces y pintados delanteros del fútbol mundial". En el libro de la época *Mundo Famoso*, el periodista José María íñigo recoge una entrevista al Kubala seleccionador donde este expresa su parecer sobre lo que, para los años setenta, era el jugador español: "temperamento, movimientos rápidos, disciplina, sacrificio... y también un poquito de improvisación (...) Al futbolista español le ha faltado una buena escuela balompédica y mucho ejercicio físico". Si la propuesta reactiva, el ataque carente de innovación o las derrotas de los sucesivos combinados españoles serían poco útiles para el Barça que quería crear Michels, hubo algunos aspectos de la España desarrollada en paralelo por Kubala que sí le serían aprovechables. A grandes rasgos, serían cuatro los puntos válidos para el fútbol propuesto por el holandés: el uso del líbero en los sistemas, la asignación de funciones móviles y exigidas a cada futbolista, el concepto de *todocampistas* que se proyectaban al área y la experiencia en la selección de jugadores barcelonista en una plantilla que, para 1972, tenía a Reina, Sadurní, Eladio, Costas, Torres, Fusté, Zabalza, Asensi, Marcial o Rexach como internacionales.

## DE CÓMO NO CAMBIÓ ESPAÑA Y NO EXPLOTÓ EL BARÇA

Sabedor de la importancia de ser parte de un club tan singular como el barcelonista, a su llegada Michels se mostró predispuesto a la asimilación cultural. En otra pertinente comparativa con Menotti, al hacerse cargo del equipo en los ochenta el Flaco diría que "un club de fútbol también es cultura. El Barça tiene que ver con Cataluña, es un club generoso pero también dominante", y se le vería acudir a los actos sociales representativos de la entidad, nutriéndose así de las sensibilidades y las costumbres de su nuevo destino. Una década antes, dando una razón similar y con el mismo objetivo, Michels habría actuado igual: "Estoy perfeccionando mi español, leyendo los excelentes libros históricos que el club tiene sobre su propia vida. Van a ser mis libros de cabecera. Leyéndolos uno comprende lo que el Barça representa en la vida de esta gran ciudad y de esta gran región". Meses después de su fichaje, el holandés conocería la historia de Barcelona y del Barça y el idioma castellano, comunicándose a través de este tanto con los jugadores como con una prensa cada vez más cercana. Su integración en la ciudad y en el club fue adecuada, como demuestra que Montal cumpliese su palabra de dar continuidad a un proyecto con Michels prácticamente durante todo su mandato. Pero traducido a rendimiento deportivo, si de la realidad futbolística nacional el técnico podría aprovechar contados aspectos, en lo referente a la sociología la cosa no mejoraba. Como se ha contado, en la construcción de su Ajax el carácter artístico y creativo de la juventud holandesa fue imprescindible, y la sociedad de un país con estructura totalitaria sería igualmente determinante en las dificultades que tendría para alcanzar su juego ideal en el Barça. Y es que, como muestra la historia, todo totalitarismo es antagónico a la creatividad.

En una Europa que para la segunda mitad de los sesenta bullía en cambios, los viajes entre países se contaban entre las novedades principales, por lo que el turismo era un activo que no podían desperdiciar las naciones con buenas ofertas de ocio y cultura. Principalmente por su climatología, España era un destino idóneo para determinados viajantes y, pese a sus reparos, el gobierno poco a poco se vería obligado a soltar riendas en favor de la economía. Para 1972 el país habría entrado en una fase conocida como tardofranquismo, en la que se produciría la definitiva apertura del mercado futbolístico, pero que en cualquier caso era el último tramo de un régimen no extinguido hasta tres años después, con el fallecimiento del caudillo. Tanto como los medios de comunicación, los turistas transportan cultura, por lo que hasta última hora la dictadura insistiría en poner velos a unas injerencias externas que pudiesen desbaratar el orden establecido durante tres décadas. En el ecuador de los sesenta, la banda The Beatles programó dos conciertos en las ciudades más cosmopolitas de España: Madrid y Barcelona. Como tibio grito de rebeldía de unas jóvenes generaciones que no querían quedar fuera de la rueda europea, la música de la generación ye-yé que bautizó a los futbolistas del Real Madrid nacería en los grandes núcleos

urbanos, en lo que podría considerarse una tenue emulación de la estética y sobre todo los ritmos pop y rock que llegaban de Europa para sonar a través de la radio. Tras los conciertos del grupo británico, la locución sobre las imágenes ofrecidas por un NO-DO (Noticieros y documentales) que, en su exclusividad, a todo daba color patriótico, muestran el "sí pero no" en que se convirtió la información en la última década de la dictadura: "La recepción que se les hace en Madrid no es apoteósica, pero en el aeropuerto se ha concentrado una juventud ociosa y alegre. La actuación está anunciada en la plaza de toros, donde salta a la vista que no hay un lleno. Junto al bullidor elemento joven, hay familias tranquilas y señores con barba, representantes del servicio doméstico y, en el estribo de la barrera, la familia completa con el nene. Por fin, salen los melenudos al tablado. Los *Beatles* pasaron por Madrid sin demasiada pena ni demasiada gloria". Por su parte, el similar cariz de la noticia en la revista *¡Hola!* ejemplifica lo coartado de los medios supuestamente desligados del poder: "Pasaron los *Beatles* y no pasó nada. Los hermanos Marx de la era ye-yé vistos y entrevistos". En las referencias del noticiero, se aprecia el tono despectivo en la expresión "los melenudos" y el admirativo en "los señores con barba", detalles que pueden parecer baladíes pero que en realidad reflejan que cualquier tipo de postura discordante, por insustancial que pudiera parecer, trataba de ser penalizada. Como claro reflejo de la sociedad que son los equipos de fútbol, esas melenas de los componentes de The Beatles que para los españoles simbolizaban desorden se habían exhibido en los futbolistas británicos y holandeses, entre los que el Ajax de Michels guardaba un lugar destacado. A la llegada del técnico al Barça, tanto en España como en Italia el debate en torno a la permisividad estética en los futbolistas estaba en boga, como demuestra una pieza de *Mundo Deportivo* que reza: NO, AL PELO TIPO "HIPPIE", sentencia que técnicos como Domingo apoyaban con expresiones como "la necesidad de que desaparezcan algunas melenas un tanto excesivas" y que, en el *Calcio,* Helenio Herrera y compañía trataban de defender arguyendo "razones técnicas". Preguntado por Joaquim Ibars en relación al pelo "estilo europeo", un Michels con la candidez propia del que llega a un país con ideas que le son extrañas, contestó con despreocupación: "Esta cuestión para mí no es importante. Porque ni tan siquiera me la he planteado. Yo no he dado ninguna instrucción a los jugadores, porque creo que deben tener la libertad para elegir por sí mismos. Ahora bien, me he dado cuenta de que en España no es tan frecuente como en otros países europeos que la juventud lleve el pelo largo". En el libro *La pelota yeyé*, el escritor Fernando Cuesta hace un repaso de los futbolistas "melenudos" que había en las España de finales de los sesenta e inicios de los setenta, y recoge en el apartado *Los futbolistas pop* únicamente a seis: Lico, Viberti, Pons, Vidal, Megido y Becerra. En el partido antes mencionado que enfrentó a la selección española e Irlanda, la recta personalidad de Quique Costas y la disoluta de George Best no fueron protagonistas solo en el campo, sino también en la sala de prensa posterior al encuentro. Preguntado Costas para *Mundo Deportivo* sobre qué creía que le ocurriría a un jugador español que hiciera fuera del campo las mismas "genialidades extradeportivas" que Best, el centrocampista español contestó: "Es una pregunta muy hipotética, de difícil respuesta por no conocer precedentes recientes. Desde luego que el jugador no saldría muy bien librado. Lo cierto es que en España existe un alto grado de disciplina, que creo que va aumentando año a año. A no ser en los países socialista, no creo que haya ninguna nación en donde los jugadores se cuiden tanto como en España". En la comparativa que Costas hace del modo más natural se muestra que, pese a los opuestos modelos sociales, España y la URSS eran naciones unidas por el lazo de un totalitarismo que, con la excusa del ordenamiento en favor del bienestar, negaba toda pluralidad, por cívica que esta pudiese ser. En este sentido, si la estética o las publicaciones de carácter general seguían mediadas por una censura que durante el franquismo había tomado carácter de cotidianidad, las distintas formas de pensamiento, bien internas o bien importadas, tendrían que abrirse paso con paciencia y, ante todo, cautela. El escritor catalán Enrique Vila-Matas aseguró que cuando en el 73 publicó su primera novela "estábamos en un país en el que la cultura ni siquiera era una palabra". Un veto lógico al pensamiento rico o simplemente libre en un sistema de gobierno unívoco que, en lo referente a la literatura, Mario Vargas Llosa explicaría así: "En el corazón de todas las novelas llamea

una protesta contra la realidad". Las manifestaciones artísticas simbolizan creación, novedad y, a menudo, inconformismo. Y si estas eran filtradas o incluso vetadas, los signos de rebeldía superior exhibidos en países como Holanda o Inglaterra a los que puntuales y temerarios españoles intentaban acogerse, eran castigados con mayor firmeza. En España, las comunas hippies que, como se ha dicho, demandaban libertad de opinión, sexo o drogas se limitaban a grupúsculos en las insulares Ibiza y Formentera. Precisamente uno de aquellos primeros jipis fue el anteriormente citado Antonio Escohotado, cuya juventud relacionada con las drogas o el anarquismo dio con sus huesos en la cárcel, según dijo, tras ser condenado por "tentativa imposible de Tráfico de drogas".

Si mirado desde un plano cenital la libertad permitió la elaboración del Ajax o el comunismo soviético creó equipos a imagen y semejanza de su sociedad, para explicar las personalidades que un sistema dictatorial castrense forma en sus ciudadanos, y estos a su vez transmiten a sus equipos de fútbol, puede acudirse perfectamente a la obra del propio Escohotado, quien a su vejez es considerado uno de los sociólogos y filósofos españoles más prominentes. En su trilogía *Los enemigos del comercio*, el pensador hace una comparativa de los modelos sociales, políticos y económicos de las ciudades de Atenas y Esparta en la Grecia clásica, análisis que, en sus paralelismos respectivos con las Holanda y España de la época de Michels, mostrará una de las barreras hormigonadas contra la que este chocaría en su cambio de país: la ausencia de creatividad en los futbolistas. Centrándose en el enfrentamiento que dio origen a la Guerra del Peloponeso en el siglo V antes de Cristo, Escohotado parangona a Esparta y Atenas. Según los estudios del filósofo, en aquella Esparta regía un modelo clerical-militar, en el que lo fundamental era el concepto de seguridad. Con los dioses como guía y excusa, los líderes políticos como cabezas de Estado y sus homólogos militares como figuras visibles y prácticas, Esparta se estructuraba verticalmente con jerarquía y subordinación, con estamentos inamovibles, normas de comportamiento claras para los ciudadanos y duras sanciones en caso de incumplimiento, aspectos propios de todo régimen castrense. Para con la sociedad, hombres y mujeres crecían así con roles y labores concretas, papeles que aceptaban y cumplían sin tratar de ir más allá en el pensamiento, las decisiones individuales o las fronteras. La propia estructura estanca y bien pertrechada evitaba voces discordantes o imprevisiones de cualquier índole, lo que ofrecía seguridad a unos ciudadanos conformes con mantenerse en un marco donde su instinto tribal se viese satisfecho. En esa controlada sociedad, el resultado era que generación tras generación crecían personas preparadas para obedecer los dictados y las normas, para actuar dentro de una zona confortable y segura, pero poco dispuestas para pensar creativamente, improvisar y decidir por sí mismas, acciones que supondrían adentrarse en lugares desconocidos en los que acecha un fracaso cuyo precio no estaban dispuestos a pagar. Por su parte, en Atenas se daba un modelo de sociedad comercial, en el que la libertad era el principal de los valores. Rodeada la ciudad por el mar Egeo, los atenienses se desarrollaron mediante intercambios, compras y ventas con otros países, negocios que podían llevarse a cabo por ciudades, grupos o familias, pero que de igual modo se daban entre personas, a título individual. Cuando las partes implicadas disponían de material que ofrecerse, el intercambio fluía, pero ni los productos son eternos ni todos los ciudadanos pueden disponer de ellos. Así que sobre todo cuando se daba esta situación de carencia, el pensamiento tenía que activarse, bien para crear nuevos o mejores artículos o bien para generar ideas útiles. Tanto ayer como hoy, la necesidad de tener algo propio que ofrecer provoca la creación y el avance. Pero como contrapartida, en su misma evolución el sistema genera competencia, y esta conlleva el riesgo de quedarse al margen del negocio, en última instancia desamparado. Donde el sistema inmóvil y circular da seguridad, la libertad de un mecanismo mercantil en constante movimiento hacia afuera acaba por restarla. El modelo ateniense dejaría una sociedad de individuos creativos y valientes que asumían el riesgo de la incertidumbre, sabedores de que, de funcionar, los beneficios le harían prosperar acaso indefinidamente. A diferencia de la espartana, crecía en Atenas una persona no tan buena para atender sin replicar las consignas que le fuesen dadas, pero con capacidad para inventar y el arrojo para dar el paso adelante en las situaciones delicadas

donde otros no lo darían. Para Escohotado, la victoria de Esparta sobre Atenas supuso la victoria del modelo de seguridad sobre el de libertad, el triunfo de un militarismo que impedía a la sociedad evolucionar. Si se extrapola la reflexión a la España de mitad de siglo XX, el régimen militar espartano es similar en múltiples aspectos al de corte católico y nacionalista español, cerrado a las influencias externas por orden del Jefe del Estado y el resto de mandamases. Un modelo que para la década de los setenta había visto pasar varias generaciones ante sí, lo que dejó arquetipos de ciudadanos obedientes, que aceptaban la mediocre seguridad del sistema sin mostrar demasiado interés, aspiración o impulso para salir de sí mismos. Como también dijo Escohotado en una de sus conferencias, tras la Segunda Guerra Mundial Europa había caminado en busca de la innovación, toda vez que España se había chocado contra los tres principales pilares del mundo de las relaciones involuntarias, forzosas e impuestas: la fe, el militarismo y el nacionalismo. A esa España llegaba Michels a dirigir en la década de los setenta, a un fútbol "estancado", como dijo el azulgrana Quique Costas. A un club con futbolistas de categoría, pero que habrían nacido y crecido en una sociedad controlada de arriba abajo. En Holanda, Rinus Michels había creado una revolución futbolística que precisaría lo que dos décadas después diría Louis van Gaal: "Los holandeses estamos en nuestro mejor momento cuando podemos combinar el sistema con la creatividad individual". Algo que llevó al propio Michels a asegurar, ya en el segundo año en su país adoptivo, que en comparación con los españoles, "los jugadores centroeuropeos son mejores en cuanto tienen más fantasía, saben inventar mejor las jugadas". En los futbolistas de la España de inicios de los setenta Michels encontraría oficio y pasión, pero de esa creatividad individual que redundara en el beneficio del conjunto andaría escaso.

# Capítulo 5.

# El fútbol de Michels desde su Barça

Antes de ver la semifinal de Copa 70/71 contra el Atlético de Madrid, Rinus Michels conocía "al Barcelona por el nombre, y de sus jugadores, solo a Gallego y Rexach", según declaró a la revista *Dicen.* En un Paco Gallego que alcanzaría las treinta y dos internacionalidades, alzándose así al segundo escalón histórico, el neerlandés encontraría su primer líder sobre el campo, ese defensa que haría las veces del Vasovic *ajacied* . Cuando Menotti cogió el Barça en enero del 83, en la plantilla estaba un Migueli que, nacido en Ceuta y hecho como futbolista profesional en la cercana Cádiz, llevaba toda su carrera profesional como marcador, algo que el sistema y las ideas del Flaco permitieron cambiar, como explicó el argentino en una entrevista concedida años después a *Barça TV*: "Él es andaluz, los andaluces tiene una manera de jugar. Migueli me dijo que como era fuerte y rápido, siempre le habían usado de marcador. Ahora encontró un lugar diferente. Tenía un fútbol alegre, vistoso, una buena técnica. Evidentemente, tenía mucha Andalucía en su cuerpo". En clara señal de que las consignas de Menotti dejaron huella en Migueli, el defensa que en 1973 dijese que le gustaba irse "hacia delante, salir con el balón bien pegado, intentar jugarlo. Pero mi estilo de juego es de corte netamente defensivo", contaría en la revista *Panenka* lo que, a sus 31 años, para él fue una novedad: "A mí me cogía Menotti y me decía: "Mire, usted cuando tenga el balón, juéguela. Y cuando no lo tenga, pues marque a su delantero"". El joven Migueli sería uno de los zagueros con los que, dos años después de llegar al Barça, podría contar un Michels cuyo sistema defensivo de marcación difería en forma y conceptos de la línea

zonal usada por Menotti, como ya se ha contado en este texto. Desde un puesto de central adelantado con más limitaciones tácticas que el de líbero, sin dejar de jugar la pelota o salir con ella dominada cuando la situación lo pidiese, el apodado Tarzán sería ora el apoyo ora el guardaespaldas en campo propio de un líbero constructor con el cometido de ser el primer encargado de aventurarse a la mitad rival, convirtiéndose para Michels en lo que, ya en 1976, se reseña en la revista *Don Balón*: "A imagen y semejanza de su ídolo Beckenbauer, el azulgrana Migueli sabe pisar el campo rival, sumándose a un ataque que ha proporcionado más de un gol al Barcelona. El marcaje al contrario es una de las facetas más positivas y eficaces, un implacable "secante", es un jugador de raza, ceutí como Pirri, e idéntico al madridista en cuanto a combatividad y espíritu de entrega al equipo. En Migueli, el fútbol español retiene las añejas virtudes de la furia española". En una cuestión de perspectiva, donde el amante de la pelota Menotti destacó la técnica andaluza, la pasional redacción de *Don Balón* hizo lo propio con la garra ceutí y española. Si como central marcador en la zaga del holandés Migueli hubo de potenciar más la faceta defensiva, sería precisamente un Paco Gallego nacido en Cádiz el jugador sobre quien Michels anticipase en toda su extensión esas lecciones expresadas más tarde por el técnico argentino, entregándole el balón para que, sobrepasando la figura del líbero *barredor*, sumase a su fútbol esa "Andalucía" bien entendida que permitiese borrar el estereotipo de exclusiva dureza de los defensas sureños.

En lo referente al otro conocido de Michels antes de fichar por el Barça, la temporada previa a su llegada Carles Rexach habría sido el máximo artillero azulgrana en Liga, con diecisiete goles. En la final copera contra el Valencia, Buckingham formó ataque con Dueñas en punta, Asensi como extremo por la izquierda y un Rexach que, desde la teórica ubicación inicial en banda derecha, tenía total libertad para retroceder, subir el balón y adentrarse en zonas de la media punta, movimientos que permitirían la aparición en "rayo de luz" de Rifé que mencionase Carlos Pardo. Poco después de su fichaje a inicios de esa temporada, el propio Asensi quiso aclarar para la *RB* que los diez goles con los que cerró su etapa en el Elche no eran indicativos de su posición, ya que, aun gustándole "subir a colaborar con los compañeros", su fuerte era "organizar el juego de conjunto". Tras ver las prestaciones de Rexach y Asensi, después de la final Michels diría que se percató "de que el Barça juega sin extremos. Falta un once y quizá también un siete, porque Rexach es un gran delantero, pero no precisamente un extremo". Si a primera vista el entrenador intuyó en Gallego un posible Vasovic, el esperado nuevo Cruyff parecía ser un Rexach a quien su compañero Marcial definió como "un fenómeno, el jugador con más clase del fútbol nacional. Tiene una gran potencia de disparo con los dos pies, una gran habilidad en el regate, un toque de balón muy bueno y juega de cara al conjunto". En la victoria por 4-1 contra el Mallorca con la que se estrenó Michels ya se vio la apuesta por Rexach en el puesto de delantero centro, una posición que, como recordó Pujol, en juveniles ya había probado, pero que al máximo nivel le era extraña. A la finalización del duelo, la prensa dijo que el atacante "jugó a su aire", y Rexach respondió que la prueba como ariete no fue un fracaso, ya que "colaboré en la jugada de dos goles y marqué uno. No tengo la misión de un delantero centro clásico ni mucho menos, como antes con el once o el siete tampoco jugaba de extremo de verdad. Mi misión, por lo visto, es marcar goles. Mi nueva misión la comparto con Marcial. Aquí quieren delanteros centros que abran brecha, y eso no lo seré nunca ni tampoco me gusta ese estilo de juego. Pero en cualquier puesto se puede practicar fútbol de calidad, ya sea de extremo o de delantero centro. Al respecto diré que Alfredo Di Stefano jugaba de delantero centro...". Rexach llegaría al inicio del curso 1971/72 como máximo artillero de pretemporada, pero no conseguiría su primer gol oficial ese año hasta la jornada 14 contra el Sevilla, con el equipo ya fuera de la crisis con la que abriría la competición. Su irregularidad como motor de ataques unida a esa falta de acierto de cara al marco contrario le harían abandonar el novedoso puesto, zona central que sería ocupada en ocasiones por Dueñas y en otras por un Marcial Pina al que la prensa tachaba de asumir pocos riesgos frente a los defensas duros. Pese a ser el segundo intento de Michels en su búsqueda del punta móvil, Marcial nunca fue un goleador, moviéndose en unas cifras de alrededor de cinco tantos al año. En el 4-3-3, su mejor puesto era el de interior, lugar desde el que conseguiría un póker de goles

en el partido de vuelta de los dieciseisavos de Recopa contra los norirlandeses del Distillery, única eliminatoria superada ese año por los azulgranas. En una entrevista para la *RB*, un Marcial que cayese lesionado en la segunda mitad del curso y en su recuperación visitase el banquillo, repasó las distintas funciones que le fueron asignadas por Michels durante ese primer ejercicio a sus órdenes: "En mis ocho años como profesional siempre había jugado como centrocampistas. Ahora puedo ser delantero centro circunstancial, como otras veces he jugado específicamente de extremo y de medio. En el puesto de delantero se aprende a sufrir. La misión del ariete es luchar de principio a fin del partido. El delantero centro es el que tiene más dificultades para adentrarse en el área, pero también posee la ventaja de tener más posibilidades para meter goles, ya que estás más cerca de la portería. No me arredran las dificultades y con tal de jugar aceptaré cualquier puesto. Ahora bien, ello no obsta para que también me entregara al máximo si regresara a mi demarcación de siempre: centrocampista. En este puesto tengo más libertad, porque al jugar en el centro del campo no te marcan tan férreamente". Quien por cualidades estaba llamado a ser el otro crack de la plantilla se decía polivalente, pero dejaba claro que era con libertad de movimiento y marca como podría explotar unas virtudes que, para la *Revista Barça*, el propio Rexach subrayó en su habitual pareja de ataque: "adoro su estilo, su elegancia llevando la pelota, su capacidad para chutar con gran potencia con ambas piernas, su buena zancada, buen regate, clara visión de la jugada, rapidez de reflejos y buen remate de cabeza". A inicios del curso Michels repasó su equipo para *Mundo Deportivo*, deshaciéndose en elogios en su referencia a la similar técnica de ambos, pero si su definición sobre Rexach acababa con un "pero para ser un gran jugador hay que compaginar muchas virtudes", la de Marcial era cerrada con una pega aún más clara: "pero a veces todo esto no es suficiente, hay que poner algo más". En una entrevista compartida para Joaquim Ibars, Marcial se refirió a ello con un alegato de defensa que Rexach no dudó en firmar debajo, suscribiendo que se les había "comparado bastante y quizás estén en lo cierto; hemos recibido elogios por igual, pero los palos también nos han venido en ocasiones a los dos, la mayoría equivocados y absurdos. Eso de que somos apáticos y nos ausentamos del juego no tiene ninguna base real". De brillantez con balón comparables, primero Carles y después Marcial ocuparían el centro del ataque en repetidas ocasiones durante los dos primeros años del holandés, en clara búsqueda del "perfil Cruyff", pero aun con esa "clase extraordinaria" con la que los calificó Michels, este acabaría por aceptar que la calidad de ambos iba a rebufo de unas personalidades a menudo indolentes. Así que, hasta la llegada de Cruyff, sería Gallego el único líder real del equipo, un jerarca de quien, tras una cita contra el Atlético de Madrid, Carlos Pardo escribió algo que bien podría leerse como resumen de su rendimiento general: "Atrás hubo un faro de luminoso fútbol en un Gallego maravilloso, en el centro, en la anticipación y la dirección de todo el abanico que empujaba".

Si encontrar al delantero adecuado a su idea fue difícil, las alas serían el verdadero primer problema que acusaría Michels. En relación a los extremos demandados por el neerlandés, este repetiría que precisaban ser "especialistas" con cualidades marcadas para la llegada y el gol, insistencia que respondía a que en su sistema la figura del punta de área que representaba Dueñas no tenía cabida, ya que, junto a los interiores, los verdaderos delanteros eran los dos hombres exteriores que, con el balón dominado o sobre todo en rupturas a los espacios del área para aprovechar asistencias y centros, habrían de encargarse de llevar al marcador la elaboración de las jugadas. Los propios Rexach y Marcial fueron opciones de banda incompletas para el estilo del holandés, algo que no fue ajeno al análisis del periodista José Mir, quien no tardó en apuntar que "nuestros dos hombres todavía no han querido comprender, por mucho que se hayan empeñado sus entrenadores, que no sólo se juega con balón, sino también con el desmarque". Tanto en el Ajax como en Holanda, Cruyff se las ingeniaba para ver puerta con facilidad, pero compartía cifras tanto con Keizer, Swart, Van Dijk, Rep o Rensenbrink, extremos que se movían en porcentajes de un gol cada dos partidos año tras año, como con los interiores que "se proyectaban al área" desde posiciones atrasadas al delantero centro, Neeskens, Mühren, Van Hanegem o Jansen. Para el frente de ataque, la plantilla barcelonista que tomó Michels contaba con un Bustillo inactivo desde que fuese lesionado por De Felipe en el estreno

liguero de 1970, Dueñas y Martí Filosia como arietes y los laboriosos Alfonseda y Pujol como únicos extremos; excepto este último, todos habían sido suplentes para Vic Buckingham. En una entrevista concedida a Ibars, un Lluís Pujol de 23 años que por diversas razones pasaría de imprescindible con Buckingham a no jugar en el Barça de Michels, definió bien al extremo moderno que ambos técnicos pretendían encontrar: "Hoy día es muy difícil jugar todo el partido pegado a la banda, has de contar con la presencia del defensa que te sigue a todas partes. En los partidos de casa has de jugar muy abierto, ya que las defensas contrarias se cierran mucho. Los extremos tienen que abrirse para encontrar huecos. Pero la misión del extremo no es solo la de marcar goles, sino la de facilitarlos a sus compañeros. Jugando en casa el extremo ha de tener gran capacidad de maniobra, permitiéndosele poder ir en perpendicular hacia el centro en las ocasiones en que arranque desde atrás; en dichos casos, el delantero centro o el interior en punta debe abrirse hacia las alas de manera que el extremo tenga más facilidad para chutar o centrar al compañero mejor colocado, que puede ser el otro extremo circunstancial. En los partidos de fuera de casa, el extremo tiene más tendencia a ir hacia el centro al faltar hombres en el centro del área. Se ataca con menos efectivos y el extremo tiene más campo para correr y no está tan obligado a jugar pegado a la banda. Ahora bien, el extremo tiene que ser bastante rápido y hábil para aprovechar los balones que le lleguen. Particularmente me gusta jugar de manera que se deje margen a mi inspiración personal, porque creo que en el fútbol de hoy día los hombres en punta no pueden ocupar una posición estática". En su visión del ataque moderno adquirida con Artigas y Buckingham, Pujol aclaraba que tan importante era asistir como marcar y, Rexach al margen, las cifras de los atacantes que recibiría el técnico holandés no cumplían la segunda exigencia, en un montante grupal que ascendía a una decena de goles en la Liga 70/71. Por si fuera poco, excepto un Bustillo con dos años en blanco a sus espaldas, todos llegaban a la pretemporada con problemas físicos, algo que, tratándose de un equipo de la intensidad de Michels, les penalizaba demasiado para alcanzar el tono exigido durante la competición. Con los ejemplos de Bustillo y Pujol, en el *Boletín oficial informativo del C.F. Barcelona*, el técnico habló sobre la importancia que tenía para su juego el estado físico, declaración en la que dejó caer la posibilidad de que se crease un campeonato de suplentes al estilo británico que acabase con los períodos críticos de vuelta a la actividad competitiva: "A Bustillo le falta todavía velocidad. No está recuperado del todo. Pero creo que Bustillo se recuperaría, como Pujol, a copia de partidos. Esto no es posible ahora. Quizá con un campeonato de reservas alcanzarían su mejor forma, ya que no sólo bastan los entrenamientos. Es a fuerza de partidos como se coge la moral y la forma". Las ausencias y la falta de efectividad de los delanteros disponibles quebrarían la cabeza del entrenador durante todo el año, y los malos resultados serían achacados por él al desperdicio de unas ocasiones de gol que solían superar a las de sus rivales. Lejos de ser casual o de reducirse a los delanteros de su equipo, para el holandés este desacierto ante la portería rival respondía a la manera de ser de un atacante español que, debido al "acaloramiento y ardor en el juego" avivado por un público especialmente intenso, solía jugar a muchas revoluciones y perder la tranquilidad en los momentos que más calma precisan, como así explicase para la *RB* al finalizar su primera campaña: "La eficacia de los jugadores españoles de cara a la portería contraria no es muy alta, no saben terminar las jugadas con resultados positivos. No crean suficiente peligro, los remates dejan bastante que desear. Falta tranquilidad. Por todo eso creo que en las competiciones españoles se marcan menos tanos que en la de otros países centroeuropeos". En su etapa dirigiendo al Athletic de Bilbao, dijo Bielsa que el indicativo principal para saber si el trabajo desarrollado por el entrenador va por buen camino es el número de ocasiones que genera su equipo, no los goles que se marcan, dado que el técnico puede preparar los mecanismos de ataque, pero no alcanza a controlar si los futbolistas materializan las oportunidades. Sea como fuere, especialmente desde la época de MIchels en adelante, el trabajo de cualquier entrenador ha sido mirado bajo la lupa del *resultadismo*, y bien entrada la temporada Michels no sabría qué hacer para solucionar el problema con el gol, por lo que las críticas sobre su ineficacia se intensificarían y Montal tendría que ratificarlo en varias ocasiones. A lo largo de su primera campaña por la vanguardia azulgrana desfilaron todos

los atacantes de la plantilla, entre ellos un Dueñas que, aun siendo el más antagónico a las preferencias del mánager, intentaría amoldarse tras admitir que "en el fútbol moderno me parece que van desapareciendo los delanteros centros típicos. Hoy en día, un hombre de ataque tiene que tener movilidad y rapidez". El antiguo punta del Rayo Vallecano no hablaba de un caso particular, sino que se refería a los delanteros del fútbol moderno como generalidad. Si para inicios de los setenta el periodista Emilio López Valls añoraba "el tiempo feliz de las alineaciones normales, cuando los arietes eran auténticos delanteros centros, antes de los primeros intentos de Balmanya en la selección", Brian Glanville reivindicaría el uso del rematador en un repaso a la evolución histórica del delantero centro hasta la fecha: "Tenemos ahora dos interiores de ataque. La palabra delantero centro está anticuada. Estas palabras han sido pronunciadas por Bill Shankly, el director del Liverpool, cuyo actual delantero centro, Alun Evans, para la mayoría de las gentes es un interior. Evans, en cierto modo, es un caso que puede servir de prueba. Si él es el nuevo tipo de delantero centro, delgado, activo, lleno de movilidad, casi frágil, entonces podemos decir que no existe la especie. En Europa hubo tres grandes ejes de delanteras. Dos fueron italianos, el extraordinariamente bien dotado y escurridizo Giuseppe Meazza -que en realidad jugó de interior derecho en los dos equipos italianos que ganaron la Copa del Mundo en 1934 y 1938- y el más fornido Silvio Piola. Austria tuvo un delantero centro del tipo de G.O. Smith en Matthias Sindelar, un artista elegante al que apodaron "el hombre de papel" debido a su fragilidad. En América del sur tuvimos al pequeño hombre de color Leónidas, del Brasil, con sus gimnásticos disparos y al paraguayo Arsenio Erico, que marcó infinidad de tantos en el fútbol de Argentina. Supongo que la divisoria se produjo a comienzo de los años cincuenta con el resurgimiento de Hidekguti y Di Stefano. Ambos delanteros centro, en Hungría y en el Real Madrid respectivamente, jugaban tanto atrás como adelante. Podían hacer cualquier cosa que uno le pidiera con la cabeza o con el pie en el área de penalty. Pero eran capaces de hacer mucho más; descendían profundamente al centro del terreno para descubrir a sus compañeros con pases inteligentes y, en el caso inagotable de Di Stefano, conteniendo a los delanteros rivales. Raymond Kopa, el pequeño extremo francés convertido en delantero centro, fue otro director de ataque del mismo tipo. Luego llegó el nacimiento del 4-2-4 seguido por el 4-3-3. Brasil tuvo estos dos hombres: Vavá era indudablemente un delantero centro valiente y fuerte dispuesto a arriesgarlo todo, en tanto que Pelé era un interior de ataque. Para 1962, cuando Brasil nos dio el 4-3-3 con solo tres atacantes, uno de ellos supuesto extremo, parecía un auténtico lujo que uno de los otros dos se limitara a la labor simple de delantero centro. Y, sin embargo, ¿ha desaparecido el delantero centro? Indiscutiblemente, no. Pues las defensas masivas han hecho que se busque de nuevo el juego de cabeza. Por eso hombres como Hateley y los dos Davies internacionales galeses, Ron y Wyn, son más buscados que nunca. Uwe Seeler, de Alemania Occidental, ha sido otro hombre de esa especie. Con no pocos éxitos, un hombre en tres Copas del Mundo. Con toda deferencia hacia Shankly, es bastante claro que el delantero centro, lejos de estar extinguido, permanecerá con nosotros durante mucho tiempo todavía. Pues, al fin y al cabo, sus cualidades de fortaleza, valor y habilidad para terminar las jugadas son más necesarias que nunca". Mal que bien, la protesta publicada por el cronista en las páginas de *Mundo Deportivo* parecía permear en una España de Kubala que, en nueva similitud con Alemania, buscaba en Quini o Gárate sus Uwe Seeler o Gerd Müller, pero un Rinus Michels que más tarde se declararía admirador de la capacidad goleadora de Müller o Quini, a quienes quiso fichar, estaría en las antípodas de esa limitación de los delanteros centros al interior del área rival, cualquiera que fuese el jugador a usar en su equipo.

Además de a Chacarita y Honved, en el trofeo Joan Gamper de 1971 el Barça se mediría al Bayern de Munich. Preguntado por la comparativa entre Cruyff y el Torpedo Müller, Michels dijo que en el área el teutón no tenía rival, pero que fuera de ella era "un pigmeo al lado de Cruyff, que es mucho más jugador y más inteligente". Con un estudio a sus equipos holandeses, no se escapa que de todos los delanteros que cita Glanville son Sindelar, Pelé, Hidekguti o Di Stéfano los más parecidos a Johan, ese "interior de ataque" que se lee en el artículo, y a su vez el tipo de dupla que formaba el argentino con Kopa en el Madrid

la que podría mostrar paralelismos con el ataque completado con Keizer o Rep en los neerlandeses. En resumidas cuentas, para Michels era esencial que los tres futbolistas de vanguardia fueran móviles e intensos, percutores y goleadores. Además de descartar a los extremos que se limitasen a ser regateadores o habilidosos con el balón, debido a su juego sorpresivo arriba prescindía de la figura estática en el área que se responsabilizase en exclusiva del peso anotador y abogaba por el intercambio de puestos entre el tridente, algo que aclaró desde el ejemplo de esa primera apuesta barcelonista para el puesto de ariete: "Rexach es un buen goleador, pero tampoco me gusta que todo el juego ofensivo dependa de un solo jugador. Cuando en una delantera solo hay un jugador peligroso es fácilmente anulable. A veces es necesario colocar a un jugador con menos cualidades, pero que dentro del área resulte más peligroso. Los jugadores técnicos tienen, en ocasiones, el problema de que juegan demasiado bien y olvidan que su misión es marcar goles. Es por ello que otros que juegan menos bien son más peligrosos para el adversario. Ese es el problema a intentar resolver: encontrar un equilibrio en la delantera entre jugadores con técnica y los que pisan área". Como se ha dicho, de entre los extremos que jugaban "menos bien", en el Barça Michels se encontraría a un Alfonseda que venía de hacer un cómputo de siete goles en sus dos años en la plantilla, de quien el míster dijo que "quizás técnicamente no sea un prodigio, pero tiene otras cualidades muy aprovechables: centra bien, es rápido y, por ejemplo, mucho más atrevido que Asensi". También al citado Pujol, autor de cuatro tantos en la Liga 70/71, sobre quien el holandés opinó que pese a que "físicamente no está muy bien dotado, lo sabe compensar con otras virtudes", y cuyo resultado al final de un año en que tuvo que pasar por el quirófano sería de media hora de juego y cero goles en su cuenta. La mención del entrenador al atrevimiento de Asensi se debía a que, en vista de las carencias, el ilicitano habría de ocupar el puesto de ala izquierda durante la primera mitad del curso, una posición que, como él mismo aseguró, no le era grata. Tras unos iniciales partidos de sequía, con el fin de motivarlo el holandés puso peros a la labor de Asensi en la banda, diciendo públicamente que cumplía todas las cualidades para triunfar en la élite pero que en su nuevo rol tenía que atreverse a finalizar las jugadas. La petición del técnico no se vio reflejada en un mejora de cifras como delantero, algo que cambiaría con su paso al puesto ideal de interior, con un Asensi convertido en máximo goleador del equipo a final de año con diez dianas, nueve de ellas en la posición que acabaría convirtiéndolo en uno de los mejores futbolistas españoles de los setenta.

Al problema de estar en un país con el mercado de fichajes limitado se sumaba el de un derecho de retención de los clubes sobre sus jugadores que posibilitaba la decisión unilateral de aquellos para evitar que los futbolistas se marchasen aun aceptando las ofertas recibidas, solo garantizándoles una leve mejora del salario. Michels dijo que costaba "mucho marcar goles, demasiado. Se crean ocasiones, pero no se finalizan", y tras recordar el problema de la retención y tantear a algunos argentinos de Chacarita -Orife, Cambón o Marcos-, Montal aseguró que ni el nivel de unos oriundos que no podían ser internacionales, ni el de los atacantes de la Liga mejoraba a los que el Barça tenía en nómina, y que encima los nacionales salían demasiado caros dada la "sencilla regla de la oferta y la demanda". La perseverancia del entrenador y el pésimo inicio de curso del equipo desembocaron en que, a mitad de temporada, el presidente respondiese a las peticiones del míster con dos fichajes, ambos procedentes de Segunda. Del Tenerife llegó Juanito, extremo de 23 años y 1.67 de estatura que se definió para la *RB* como "rápido, habilidoso, jugando indistintamente en los dos lugares del ataque", con "el *dribling*, el quiebro, el engaño, la finta" como una de sus características principales, cuya jugada estrella es ir "hasta el palo y centrar sobre los compañeros para darles la ocasión del remate". Por su parte, Michels destacó la "bravura, energía, habilidad de jugar el balón y velocidad" de un extremo cuya llegada estaba prevista cara al próximo curso pero que una lesión de Rexach precipitó. Juanito colaboró con un gol en ocho partidos como titular en el esprint final del equipo, pero sería el otro fichaje quien se erigiese en principal responsable de la mejora, en palabras del entrenador: "La solución se llamaba Pérez, que ha resuelto el gran problema que tenía el equipo, un caso excepcional, un fichaje de emergencias que ha dado buenos resultados". Desde el primer momento la labor de mánager de Michels fue clara, como

demuestra que pidiese ver y recomendar todas las contrataciones acordadas por el Consejo Directivo, y así sucedió en las que serían sus primeros fichajes en el club, ambos tan humildes como eficientes. En esa idea de juego coral que le dio el sello definitivo como entrenador del Ajax, Michels insistía en la funcionalidad de los futbolistas, y el presidente azulgrana estaba de su parte: "No pretendemos fichar el nombre o la figura, sino el jugador necesario para ocupar un puesto determinado en el equipo". Con la llegada de Juanito como pretexto, el secretario del consejo José Luis Vilaseca explicó cómo funcionaban las relaciones entre Michels y la directiva en política de fichajes, a través de unas declaraciones que el propio entrenador confirmaría: "A Juan Díaz lo teníamos incluido en nuestras fichas como un jugador a seguir. Nos interesaba desde hacía tiempo, pero el entrenador quería verlo personalmente antes de aconsejar su adquisición. El Barcelona aceptó una oferta que nos hizo el Tenerife para ir a jugar a Santa Fe un partido benéfico. Fue la primera vez que Michels vio en acción a Juanito. A raíz de aquel partido se avanzaron considerablemente las conversaciones con su fichaje. Michels quería verlo jugar otro partido, y por eso se desplazó a Granada para ver el partido de Copa Granada-Tenerife. Después de aquel se aceleraron las gestiones para el fichaje". Con motivo del trofeo veraniego de Palma de Mallorca en el que participó el Barça, Michels pudo observar de cerca a un Pérez que definió como "jugador con espíritu de lucha", y sobre la situación que ocasionó que un jugador de nivel limitado y con solo 23 años resultase imprescindible en su equipo, el holandés explicó que "lo cierto es que en aquellos momentos no creí que Pérez pudiera ingresar o ser jugador del Barcelona tan rápidamente. Fueron los acontecimientos los que aceleraron su fichaje. Durante los primeros meses que entrené al Barcelona me encontré con el problema de que necesitaba un extremo. Un jugador que poseyera las características ideales para cambiar el estilo de juego, porque durante las primeras jornadas el equipo jugó de manera desastrosa. Entonces tuve que variar mis planes. Había que llegar a una situación de emergencia, porque el problema era urgente. No tenía tiempo para observar con tranquilidad a otros jugadores. Así que tras haberle visto en Mallorca le sometimos a una nueva prueba en un partido amistoso en Cornellá, y decidimos su fichaje". Su estreno contra el Athletic de Bilbao en la novena fecha, disputada en noviembre del 71, se cerró con la cuarta derrota liguera, que sumada a las dos contra el Steaua de Bucarest que supusieron la eliminación en Recopa y tres empates más en la competición doméstica, dejó una sensación agridulce en un Michels elogioso con la actuación del extremo pero que manifestaría más tarde que ese día se sintió por primera vez realmente "derrotado, porque ya no sabía qué hacer para dar mayor efectividad al equipo". Tras caer contra el Valencia en la siguiente jornada el equipo mejoró, y un Pérez que se definió a sí mismo como "jugador trotón y trabajador nato, que chuta con ambas piernas" fue indiscutible en la izquierda de un ataque móvil donde sería más importante su figura intensa e incisiva que su calidad futbolística en ese "cambio de planes y estilo de juego" que, como dijo Michels, partía desde la necesaria salida del inoperante Asensi de la posición de extremo. Un cambio que con el empate en el Bernabéu acaecido dos semanas después al debut de Pérez, daría pie a una fase de buenos resultados que haría pasar al equipo desde la mitad baja de la tabla en diciembre a tener en su mano la Liga en la penúltima jornada. Pero hasta ese momento de inflexión positiva, el mal inicio que parecía no tener fin se explica desde el día que Michels se vistió de corto para saltar al césped del Camp Nou.

En su puesta de largo como barcelonista, Rinus Michels se convertiría en Míster Mármol tras decir que "en la actualidad el fútbol es una lucha entre dos equipos en la que ganar es lo primordial, los jugadores tienen la obligación de darlo todo en el campo, siendo una especie de soldados que van al frente, debiendo trabajar duro, duro como el mármol". Declaraciones recogidas por *Mundo Deportivo* en las que, acto seguido, el holandés pasaría al sentido literal en su aclaración de que la preparación física era la base sobre la que poder levantar un estilo creativo, con la posesión del esférico como centro: "prefiero el jugador combativo, el jugador luchador, porque redunda en beneficio del conjunto. El combate por la posesión del balón constituye uno de los aspectos esenciales del fútbol. No soy un verdugo ni un hombre látigo, pero sé la importancia que una buena preparación física tiene en una larga temporada. Cada

uno entrenará de acuerdo con sus posibilidades para llegar en la mejor forma física. Sin ella, no es posible pensar, ni crear un verdadero fútbol moderno, de ataque y goles, basado en una fuerte defensa". La réplica del entorno no se hizo esperar, y en relación a esas palabras, el escéptico periodista Alfredo Martínez pediría una pronta traducción en hechos: "Se trata ahora, ni más ni menos, de que la plantilla entera, sin excepciones de ningún tipo, trabaje más y mejor para el bien del equipo. Que el Barcelona de "mármol" se ponga en funcionamiento cuanto antes es lo que deseamos, no vaya a ser que, si galgos si podencos, lo difícil de la Liga se nos eche encima y aún estemos por formar hombres, líneas e ideas". Como vaticinase el periodista entrevistado en el boletín azulgrana, meses después aún se estaban formando "nuevos" futbolistas y madurando ideas, pero los resultados no atendían a plazos. Antes de que la Liga se le echase encima, pese a que había manifestado su preferencia de entrenar una hora por la mañana y otra por la tarde, Michels acabó por desarrollar las sesiones de pretemporada todas las mañanas entre semana, conformándose con la tarde del martes y un partido amistoso cada jueves. Una vez en competición la intensidad de los primeros meses sería descendente, y se trataría "durante la primera vuelta de cuidar la condición física y más adelante intensificar otras", en palabras del míster. En la *Revista Barça*, un Michels que, consecuente con su propuesta moderna, se declaró "partidario del entrenamiento colectivo y uniforme" sobre el individualizado, detalló cómo serían las sesiones habituales durante su etapa como azulgrana: "Los lunes se dedican a la recuperación de los jugadores que fueron alineados; en la mañana hay poco entreno. Los que no jugaron tienen un entreno más normal. El martes es el día de descanso total, pero se ha fijado un entreno voluntario; los lesionados tienen que acudir. El miércoles se acentúa el ritmo, es el día que dedico a mejorar la condición física. El jueves el entreno también es fuerte, pero cuidando ya la técnica y la táctica. El viernes se baja mucho el ritmo, son entrenos de divertimento. El sábado se entrena veinte minutos, siendo más bien una forma de precalentamiento, algunas veces se tienen en cuenta al adversario en los entrenamientos, pero no es lo normal". Como explicara el holandés, los entrenamientos variarían conforme avanzase el curso, adecuándose al ritmo de la competición, pero lo que se mantendría tal y como estaba serían unos partidos amistosos entre semana que encerraban un cuádruple objetivo: canteranos, inactivos, cedidos y pruebas. Una suerte de pachangas sobre las que Michels diría que estaba dispuesto a "citar a los jóvenes, máxime si los informes de Seguer siguen siendo buenos. Pretendo ver a los cedidos y a los jóvenes de las inferiores. Al mismo tiempo, jugarán los hombres de la plantilla que dejen de actuar el domingo".

Agustí Montal había declarado que la llegada de Michels no significaba un cambio radical, sino "un simple relevo en el banquillo" enmarcado en ese proyecto de continuidad en el que, como se contó en el segundo capítulo, la cantera pretendía ser troncal. Antes de iniciarse el curso 71/72, el presidente resumió cómo quedaba el nuevo organigrama de "técnicos destinados exclusivamente a cuidar y mimar la cantera": "Michels responsable del equipo profesional, Rodri su ayudante y coordinador de las inferiores, Seguer en el Barcelona Atlético, Flotats en el amateur, Minguella en el juvenil, con Rodri y Llorens, Boter pasará a supervisor de la región". Si ya se explicó la línea a seguir desde la fusión de los filiales, quien fuese secante azulgrana de Gento o Di Stéfano en los cincuenta, Isidre Flotats, puntualizaría para la *RB* el similar objetivo de un equipo de aficionados con la "misión de preparar jugadores y procurar que estos sirvan para categorías superiores. La mayoría de mis jugadores son los juveniles, que al cumplir la mayoría de edad ascienden a amateurs. Yo tuve a mis órdenes a Castany, Rexach, Pujol, Paredes, Alfonseda, Torres, Rifé, Filosia, Eladio, salidos todos de las filas de este equipo. Esa es nuestra primordial misión". En sus declaraciones sobre los partidos de los jueves Michels se refirió a canteranos y cedidos, y la relación de ambos conceptos no era aleatoria, sino que respondía tanto a las costumbres y necesidades de la entidad y la época como a su punto de vista como entrenador, que coincidía con lo anterior. Salvo contados casos que demostrasen una calidad superior y se diesen circunstancias muy favorables, para los setenta era habitual que los canteranos fuesen cedidos antes de que se apostase por ellos, dando prioridad a la experiencia ganada en equipos de una categoría superior sobre el tipo de juego que estos desarrollasen, sin tener que parecerse al que trataba de llevar a cabo el Barça.

En relación al estilo de juego y a ese ADN de valores Barça que se popularizarían con los éxitos del Cruyff entrenador, en tiempos de Michels ya se hablaba de la creación de una escuela propia que acogiera a jugadores de todas las edades llegados a las inferiores desde distintos puntos de la región, con la finalidad de prepararlos en los mecanismos de juego del primer equipo y educarlos en los principios éticos considerados por la entidad. En una entrevista concedida a Francisco Cortés en el boletín del Barça, Michels manifestó lo siguiente sobre el tema: "Es importante tener controlados a los hombres que deben nutrir el CF Barcelona. Esta organización debe siempre mejorarse. Se necesita un plantel de jugadores y una escuela. Y el Barcelona tiene envergadura como para poseer una organización de este tipo. Desgraciadamente ahora cada vez son menos las posibilidades de jugar al fútbol para los muchachos. Antes se jugaba con pelotas de trapo en la calle. Los automóviles han frustrado esta indudable cantera. Faltan campos e instalaciones, porque los parques y jardines ya no existen en la ciudad. Esta labor de formación de jóvenes valores compete no tan sólo al Barcelona, sino a todo el fútbol nacional para asegurar el sustento de sus plantillas en el futuro". Como responsable directo, al término de su primera temporada el mánager haría un detallado informe de la estructura deportiva del club que sería presentado a la directiva, y el presidente hablaría en la *RB* sobre el análisis de Michels y unas conclusiones que se adecuaban a la realidad: "Siempre hemos estado convencidos de que nuestros jugadores tienen fallos de formación. Para que nuestros equipos inferiores sean de utilidad al Barcelona debe realizarse una reestructuración a fondo. Tenemos que cuidar de la formación de nuestros jugadores con mucha más constancia. Michels es una persona que tiene un criterio muy claro sobre los jugadores que pueden ser útiles al Barcelona. Tiene que existir una gran coherencia y correspondencia en los entrenamientos que se marcan a todos los jugadores que vistan la camiseta barcelonista; deben cederse jugadores, pero vigilándoles muy estrechamente; tiene que lograrse una coordinación total entre todos los equipos del club". Para apoyar la creación de una escuela, tanto el presidente como un Rifé que dijo considerarla "necesaria, porque cada vez salen menos jugadores" argumentarían los problemas de urbanización en los grandes núcleos que había reseñado el técnico, situación sobre la que el medio de cierre Costas, llegado un año antes desde el Celta, declaró que "cada vez es menor el número de chicos que juegan al fútbol, y en las ciudades grandes este fenómeno se acentúa. Apenas hay solares para jugar, y en las calles ya no se puede dar a la pelota porque hay mucho tráfico. Yo a quien más debo es a las calles y a los patios de los colegios de Vigo".

Para la segunda campaña de Michels el Barcelona Atlético habría descendido a categoría Regional preferente, y el club aprovecharía la delicada situación para acometer esa "restructuración a fondo" citada por Montal que acogiese algunas de las visionarias peticiones del míster. En la temporada 72/73, para las labores filiales llegaron al club el jugador barcelonista en los cincuenta Luis Aloy, quien se encargaría de dirigir el Barcelona Atlético y de coordinar las inferiores, el ya mencionado Laureano Ruiz a cargo del juvenil A o Javier Comerges para organizar las secciones infantiles. Aloy explicó que "como coordinador, estaré siempre en contacto con los entrenadores de los diferentes equipos, encarrilando siempre los entrenos y las técnicas con vistas a formar jugadores para el primer equipo. Yo creo que para el Barcelona no es necesaria una escuela, porque a pesar de que no existe como tal, se hace la misma labor, como si estuviera creada". Y un Comerges que sí creía imprescindible el fútbol escolar, detallaría en la *RB* unos objetivos estructurales que respondían a las pretensiones de Michels: "El Club de Fútbol Barcelona ha acometido esta temporada un plausible empeño: la organización del fútbol infantil. Al empezar la práctica del fútbol a los 8 años tendremos unos buenos cimientos y no nos encontraremos con que, a los 14 años, se ha de enseñar el abecedario del fútbol, queremos crear una escuela de futbolistas, que nunca existió, con el fin de formar jugadores para los equipos superiores. Intentaremos que vayan aprendiendo las reglas del juego básicas. Además, pensamos que un jugador formado en el seno de nuestro club ha de saber manejar el balón con los dos pies, dominar el juego con la cabeza, y que posea todos los demás complementos de la técnica. Se someterán a control médico, se enseñará a nadar, se les enseñará las reglas del juego y participarán en diversos torneos,

pues deseamos que todos los niños jueguen, que ninguno esté en el banquillo". Por su parte, Laureano Ruiz explicó en la *Revista Barça* tanto el porqué de su llegada como las conexiones que, en su nuevo club, pretendían abarcar desde los infantiles hasta el equipo profesional, cadena en la que él demostraría ser un eslabón irrompible: "En mi fichaje debe haber influido que en el curso nacional de entrenadores coincidí con los técnicos del Barcelona Rodri y Olivé, y puede que les agradaran mis métodos. También es posible que el conocimiento que tiene de mí Juan Carlos haya influido. En lo referente a la reestructuración, tendré que acudir a Aloy cuando surja algún problema. Con el señor Michels y Rodri tendremos una reunión todos los entrenadores una vez por semana, dándoles cuenta de todo el propósito de formar jugadores para el primer equipo. Buscamos que todos los equipos jueguen con el mismo patrón táctico, para que cuando un chico llegue al juvenil A esté perfectamente adaptado al sistema de juego. Existe la pega de que al equipo C le llegarán, quizá, más derrotas de las deseadas, pero esto es secundario. A los 15 años lo importante es jugar muchos partidos, sea cual sea el resultado". Una temporada después, Laureano habría convertido a los juveniles en campeones de la liga regional y la copa nacional. Con la experiencia ganada en el club durante esos meses en materia de relaciones personales y de trabajo homogéneo entre los responsables de todas las categorías, el técnico ampliaría su examen centrándose en aspectos fundamentales que, a imitación de los de la primera plantilla y acorde al fútbol moderno, inculcaba a sus jóvenes futbolistas: "Estoy cambiando la mentalidad de los jugadores, han aprendido a sufrir en el campo, a trabajar los once y a sacrificarse por el bien del equipo. Cuando me incorporé al Barcelona noté que los juveniles jugaban a ráfagas, en plan individualista, desconocían el fútbol de asociación. Lo más importante es enseñarles técnica y táctica. Están en la edad de oro para aprender a marcar y desmarcarse, a buscar el hueco, a practicar la regla del fuera de juego, a ensayar jugadas, etcétera. Esto lo pueden hacer con más tranquilidad los juveniles, porque ahora tienen pocas responsabilidades. Los profesionales requieren también otro tipo de entrenamiento porque ya tienen que dominar la táctica y la técnica, basado más el trabajo en la preparación física. Los jugadores entrenan con mucha ilusión y alegría. Como al futbolista le gusta practicar con el balón y nosotros dedicamos mucho tiempo a los aspectos técnicos y tácticos, entrenan muy a gusto. Nosotros practicamos la táctica del fuera de juego en algunas fases del partido. Jugar siempre al fuera de juego sería contraproducente. Con la táctica sistemática del fuera de juego desaparece el contraataque, porque da tiempo al contrario a recuperar líneas. Para mí, el problema fundamental del jugador español es su falta de técnica, el no saber ver el hueco. Nosotros debemos compensar nuestra inferioridad física con otros países europeos con una mayor técnica, con más habilidad y astucia. El fútbol ha evolucionado y ahora los extremos no deben jugar pegados a la banda. Cuando yo jugaba el entrenador me decía que al final del partido quería ver nuestras botas manchadas de cal. Ahora se juega por toda la zona de ataque, y así se producen los goles de nuestros extremos".

Pese a los avances de Agustí Montal Costa en relación a la escuela, hasta 1979 no se culminaría la remodelación de un inmueble que fuese sede social del club desde tiempos de Llaudet y que, con el traslado de dichas funciones por la directiva presidida por Montal, a esas alturas se prestaba a nuevos usos. En ese edificio cercano al Camp Nou surgiría la Masía tal y como se conoce internacionalmente, centro de convivencia y preparación de futbolistas de cuyas instalaciones deportivas no podría aprovecharse un Michels que abandonase la entidad justo el año previo, con el cambio entre Agustí Montal Jr. y Josep Lluis Núñez en la presidencia. Sobre el paso adelante que supondría la nueva Masía y los fines de esta habló años más tarde el canterano Rojo para la revista *Panenka*: "Oriol Tort, el entonces director de la cantera, fue quien me fichó cuando yo tenía 12 años. Yo entré en el Barcelona en la época del presidente Montal y, entonces, no existía la Masía. Nació con la llegada de Núñez en 1978 y, realmente, fue algo pionero, no existía en España. Llegaban al Barcelona chicos de todos los lugares de Cataluña y España, lo cual era un concepto de cantera totalmente innovador. No solamente se formaban futbolistas, sino también estudiantes y, sobre todo, personas. Eran muy estrictos con las notas de la escuela. Recuerdo volver a los entrenamientos, tras estar con la selección española

sub-18, y Laureano Ruiz me dijo que no entrenaba porque no había traído las notas, a pesar de que no me había dado tiempo a recogerlas debido al viaje de vuelta. Sin duda, la Masía te daba una disciplina, un ADN, unos valores y una manera de entrenar y jugar. De ahí salió todo lo que es ahora el Barcelona". Rojo cita a Laureano Ruiz en su faceta de coordinador y formador de estilo, puesto que tomaría poco después de llegar y desde el que acabaría convirtiéndose, como lo fuesen Oriol Tort y Carlos Boter, en una de las principales personas con las que los filiales del club hayan contado en su historia. El boceto de organización escolar comenzado por Montal diferiría en muchos puntos de una Masía que, con Núñez, alcanzaría dimensiones poco previsibles. Entre las variaciones sustanciales entre ambas estuvo la de pasar de captar el talento solo de Cataluña a hacerlo a ámbito nacional y más tarde internacional, ampliación posibilitada por las mejoras económicas en tiempos democráticos y capitalistas que permitían al Estado invertir en vías de comunicación y a las familias de clase alta o media moverse por el territorio conectado. Además de carecer del centro residencial, una de las razones por las que en los años setenta el club no estaba dispuesto a responsabilizarse de los menores de edad de puntos alejados a Barcelona era de carácter ético, algo que cuesta imaginar desde el punto de vista de la persona mercantil del siglo XXI. Así explicó este extremo el propio Laureano Ruiz en 1973: "Nuestra política es que los infantiles y los juveniles se nutran exclusivamente de jugadores catalanes. Si se ficha a un juvenil de otra región lo normal es que el muchacho piense que es un buen jugador, pero a lo mejor al final no sirve..."

La Masía se convertiría en insignia del club, pero hasta su creación, y aun varios años con ella en funcionamiento, en aquel país de la segunda mitad del siglo XX se daban obligaciones sociales a las que el deporte tendría que adecuarse, y fue a causa de ellas por lo que las cesiones de jugadores destacadas por Michels y Montal no podrían ser demasiado exigentes. Uno de los deberes de aquella España castrense de los setenta era un servicio militar obligatorio que, salvo excepciones médicas, todo varón tendría que cumplir al entrar en la mayoría de edad, desarrollándose el internamiento en cuarteles de distintos puntos del país durante varios meses.

Para evitar que sus futbolistas jóvenes abandonasen la carrera, los clubes solían buscarles acomodo en equipos localizados donde se ubicase el acuartelamiento de destino o, si el servicio militar ya había concluido, en otros de la propia comunidad para, en palabras de Rodri, poder "vigilarles y ver las posibilidades que tienen para actuar en nuestro primer equipo". Para 1972, en la *RB* se puede leer la situación habitual en "política de cesiones" del Barça y de la mayoría de clubes de España: "Los tiempos cambian y quedaron muy atrás aquellos en que un joven elemento pasaba de los "cuartos" equipos al once titular para triunfar rotundamente e inscribir su nombre entre los grandes del fútbol. Y esta situación no se produce solo en nuestro club, sino en el resto de los equipos de primera clase mundiales. El Barcelona, a través de sus alevines, infantiles, juveniles y aficionados, siembra prodigiosamente la cantera catalana de futuros valores; luego viene la selección y primera "piedra de toque" en el Barcelona Atlético; pero esto no es suficiente; destacarse en Tercera división no es suficiente para conceder la patente de entrada a la plantilla profesional. Se nos argüirá que jóvenes como Bosch, Manchón, Biosca, Olivella, Rodri, etcétera, salieron del La España Industrial para convertirse al poco tiempo en internacionales; completamente de acuerdo; pero ellos fueron "entroncados" con figuras indiscutibles de una calidad excepcional y cuyos nombres no citamos porque están en la mente de todos. El jugador ha de pasar la prueba de "fuego", en la que pueda demostrar su clase excepcional, jugando de "campeonato" en cada jornada, demostrando estar entre los mejores; es en ese momento que puede incorporarse al primer equipo con toda clase de garantías. Y para muestra basta citar a dos de las grandes figuras del conjunto actual, surgidos ambos de los equipos inferiores y que se cuajaron en el Hércules de Alicante y en el Osasuna de Pamplona, Antonio Torres y José Fusté. Es por ello que aplaudimos esta política de cesiones y deseamos el triunfo de estos muchachos en toda la línea, porque ello supondría contar con el valioso refuerzo de su presencia en nuestro club". Algo que un Rojo que fue parte del primer equipo a inicios de los ochenta confirmó años más tarde en *Panenka*, en unas manifestaciones donde aseguró que en su "época, ya era difícil llegar al primer equipo. Yo, por ejemplo, lo conseguí con 23 años. Ahora, con 18,

si tienes la calidad, ya puedes estar ahí. Pero, en general, se ha seguido la misma línea. De hecho, el primer equipo sigue estando pendiente de las categorías inferiores. Con el tiempo, la diferencia más notable ha sido la aparición de las nuevas tecnologías, que lo han hecho todo más fácil. Pero el método no ha cambiado tanto. De hecho, antes de la Masía, ya se jugaba 4-3-3 y se hacían rondos en los entrenos. Era un poco diferente, porque se jugaba con líbero, pero era prácticamente el mismo concepto de hoy. No fue hasta la llegada de Cruyff como jugador, y la filosofía de los holandeses, cuando se aplicó mucho más este sistema". Como se ha contado, las llegadas de Montal, Buckingham y Michels incidieron en esos métodos comunes resumidos en el sistema 4-3-3 moderno y la "filosofía holandesa" que refiere Rojo. Por otra parte, el rondo que pondría de moda el Cruyff entrenador sería uno de los ejercicios habituales para mejorar el pase, la posesión y la reacción implantados por un Laureano Ruiz que, tras admitir haberlo conocido en los equipos húngaros de los cincuenta, lo definió así en unas declaraciones sobre su libro *El auténtico método del Barça*: "Yo entrenaba hace treinta años como se entrena hoy. Todo empezó con los rondos y el juego con la pelota. Y el jugar con extremos, con tres delanteros, los pases y los regates, el defender atacando. Eso está en el Barça". Un Guillermo Amor que fue de los primeros canteranos de la Masía, definió para *El periódico* la finalidad de aquellos rondos que desde los setenta se aplicaban en las inferiores barcelonistas: "En un rondo trabajas muchas cosas. El rondo te da tacto y sensibilidad cuando golpeas el balón. El tacto es primordial, esencial. ¿Qué fuerza le das al balón en cada momento para que llegue al compañero de manera adecuada? Mides el espacio, el tiempo y la velocidad. Debes tener sensibilidad para darle más fuerte o más despacio. En realidad, de tu tacto depende todo para dar ventaja a tu compañero. Con la derecha, con la izquierda, cerca, lejos. El pase al central siempre por delante para evitarle así un primer control malo, que llegue rápido el balón…".

De vuelta a la situación habitual de ceder canteranos en tiempos de Michels, además de Fusté y Torres, en el Barça que cogió el holandés el defensa Paredes pasó un año en el Ferrol y otro reciente en el Córdoba, mientras que Eladio, Filosia

Rexach o Pujol, jugadores que no necesitaron cesión, se vieron beneficiados porque su año previo al primer equipo fue en un Condal que jugaba en Segunda. A la llegada de Rinus, los cedidos Mora, Castany, Chiva y Laredo no tendrían sitio en la plantilla y volverían a emigrar, y otros chavales como Puig o Teixidó fueron probados en los partidos vespertinos de los jueves, pero difícilmente acabarían por tener espacio en el primer equipo con un Barça Atlético en la tercera categoría y luego en regionales. Mostrándose partidario de las cesiones, para la planificación Michels dijo poder "tener veinticinco hombres en el equipo, pero la cifra ideal son veinte", y entre ese año y el siguiente fueron prestados Cortés, a un Rayo en Segunda; García Castany a un Zaragoza en cuya ciudad hacía la "mili", misma situación que Paquito en Mallorca, localidad y club mallorquín que también acogieron al juvenil Munné y a un Teixidó parte del traspaso de Pérez en noviembre; Irazusta, Laredo y el centrocampista Puig a los cercanos Sabadell y San Andrés respectivamente; y un Chiva del que se lee en la *RB* que "sus deberes militares han sido un serio obstáculo en sus progresos de continuidad y rendimiento" pasó al Elche. De todos ellos, los únicos que regresarían a la plantilla tras su cesión serían Mora, Laredo y Cortés, defensor cuyo año en Vallecas fue resumido así por el periodista Jotaerre: "está realizando una excelente temporada en la demarcación de medio de cierre. Ha sido alineado en veinticuatro partidos, habiendo logrado la máxima puntuación de jugador destacado en tres partidos. Sus calificaciones han sido buenas y ha demostrado una magnífica regularidad. Es el especialista en el lanzamiento de penaltis, habiendo conseguido tres goles". Si bien Mora haría carrera en el club, al ser considerado por Michels con la posterior salida de Reina, la participación de Laredo en sus dos años en el plantel sería testimonial y a Cortés una lesión le haría perder fuelle, deparándole dos nuevas cesiones antes de salir definitivamente del club sin poder triunfar. La catastrófica situación del descenso del Barcelona Atlético dirigido por Seguer zarandeó uno de los pilares del proyecto de Montal como si de un seísmo se tratase, tanto como para que la redacción de una *Revista Barcelonista* en sintonía con la directiva hablase con dureza sobre una talento local que a menudo defendió: "Los grandes clubs necesitan

buenos jugadores, y no sentimentalismos, y por ello los buenos jugadores hay que ir a buscarlos donde se encuentran, porque la geografía no tiene nada que ver con la calidad. Pero todo lo que decimos no destruye, sin embargo, la preocupación de la cantera regional, si los resultados no son los apetecidos, ya no es culpa del club, y es por ello que decíamos que los buenos jugadores hay que ir a buscarlos donde se encuentran. El esfuerzo económico es muy superior al de la contratación de jugadores de otros clubes y, sin embargo, el Barcelona lo hace porque sigue siendo fiel a la cantera, pero sin caer en romanticismos extremistas". Las palabras muestran una clara descarga de frustración que, en un número posterior de la misma revista, ampliaba su campo de culpabilidad hasta dos aspectos ya tratados en este libro, el profesionalismo y la tendencia *resultadista*: "en España el fútbol debería volver a ser totalmente "amateur" en todas las categorías menos Primera y Segunda Divisiones. De esta manera se conseguiría devolver la acción local, perturbada en la actualidad por un semiprofesionalismo que, si por un lado desvincula al público de su equipo, por el otro impide la espontánea eclosión de valores locales que jugarían por el puro placer de jugar y por la natural satisfacción de defender los colores de su ciudad o pueblo. Cualquier muchacho que empieza a jugar un poco en serio tiene en la cabeza mucho más el futuro crematístico que el placer de practicar deporte. Esta mentalidad crea una actitud reservona e interesada que perjudica al fútbol en tanto que deporte. La gloria y el dinero quedarían reservados a los elegidos que consiguieran llegar a la Primera y a la Segunda Divisiones. Hemos observado en muchas poblaciones, donde existe afición al fútbol, que hay un fondo de indiferencia con el equipo porque lo forman once pseudoprofesionales que se limitan a llegar al campo, calzarse las botas, jugar y cobrar, sin ninguna atadura moral con el público ni con los colores que defienden. Otro ejemplo trágico lo encontramos en Tercera División, auténtico "cementerio de elefantes" donde van a morir, futbolísticamente, hombres acabados pero conocedores de todos los trucos que ahogan en flor posibles grandes jugadores. El Barcelona lleva la política de formación de jóvenes valores, pero demasiadas veces sus contrincantes no son jóvenes como ellos, sino viejos gallos con espolones que, al no poder competir ni en facultades físicas ni en ilusiones, destrozan este plantel necesario para el fútbol de mañana". Pese a que al año siguiente el filial recuperaría la categoría, la nueva estancia en una división de bronce cuya trascendencia no dejaba de ser limitada coincidiría con la apertura del mercado a futbolistas extranjeros y la consiguiente llegada de los primeros cracks europeos al Barça de un Rinus Michels que, sin títulos, los recibiría casi con exclusividad. Situaciones que sin duda supusieron un frenazo a las aspiraciones de unos jóvenes valores que, hasta la llegada del alemán Weisweiller al club, luego de Laureano Ruiz al primer equipo y a continuación al retorno de Michels a su cargo, ya con el filial en Segunda, no gozarían de continuidad en la primera plantilla.

Retomando la primera planificación de Rinus Michels como técnico azulgrana, en las citas preparativas programadas para el verano de 1971 a las que varios canteranos ni llegarían, el duelo contra el potente Bayern de Munich sería el banco de análisis más interesante para Michels, quien estaba de parte de medir fuerzas en pretemporada con los mejores rivales posibles. Si en sus referencias a Chacarita y Honved el técnico holandés se centró en lo negativo, por el contrario mostró admiración cuando, meses después, fue preguntado por el fútbol de los alemanes, ocasión aprovechada para comparar el fútbol de España con el del centro de Europa y dejar claras sus preferencias en unas declaraciones para la *RB*: "Como representación del fútbol moderno, he visto en los últimos meses tres equipos destacados en Europa. El Ajax, el Bayern y la selección nacional de la República Federal de Alemania. Para mí, el fútbol español es inferior al centroeuropeo en muchos aspectos. Es superior en el respaldo que tiene en su público, y eso explica que muchos equipos de segunda fila sean difíciles de vencer en su campo. En España, el marcaje es menos riguroso que en otros países europeos; aquí se deja al jugador más suelto, se marca más por zonas que de hombre a hombre. Entonces, el jugador tiene más posibilidades de maniobra, puede ensayar más jugadas. En otros países el marcaje es tan duro que el jugador apenas tiene opción cuando lleva la pelota entre los pies, no tiene tiempo para iniciar jugadas elaboradas. Por otro lado, el jugador español quiere demostrar sus habilidades con

el balón y a veces eso redunda en detrimento de la eficacia del equipo. En general, en España el fútbol es más lento porque el jugador se toma más tiempo para crear la jugada. Los jugadores españoles prefieren el fútbol libre, quieren jugar de una manera bastante suelta. Quieren demostrar más su técnica que el afán de disputa por el balón. La lucha por la posesión del balón es muy diferente en los equipos centroeuropeos. Aquí prefieren aprovechar su técnica para retener el balón, dejando a un lado la fuerza. En mi opinión, para dominar el partido, para crear juego, se necesita estar en posesión del balón. En Sudamérica aún se da más libertad al jugador, y el juego resulta más lento. También creo que en España se practica más el pase corto que el pase largo, especialmente en el centro del campo. Y hay que tener en cuenta que el pase largo crea más peligro que el corto, en los países centroeuropeos los jugadores ven más campo, su juego es más abierto. Aquí tiene algunas virtudes mejores, por ejemplo, saben hacer mejor la pared que en el norte. El Bayern de Munich es de los únicos equipos europeos que saben hacer la pared como los españoles, pero allí cuentan con un Beckenbauer que es un verdadero fenómeno. A Beckenbauer puede considerarse como al "padre de la pared". Al objetivo inmediato de dominar la posesión y al definitivo de hacer más goles que el oponente, Michels exigía la marcación férrea atrás para recuperar el balón con fiabilidad; la presión constante y alta para tenerlo el mayor tiempo posible y en las zonas más beneficiosas; una elaboración de ataques que, sin negar los pases de seguridad atrás o a los costados, priorizaba las rápidas combinaciones que pudiesen descolocar al rival; y el aprovechamiento de todo el campo, juntándose mediante apoyos en la zona de gestación y abriéndose en rupturas para incidir en los metros finales. Para conseguir todo ello, la intención de Michels no podía ser otra que tratar de equilibrar el físico, la técnica y la lectura táctica en cada una de las posiciones de su alineación, algo que no resultó sencillo en su Barça.

Si para dar con la pareja de interiores que formarían Asensi y Marcial el neerlandés tuvo que fichar jugadores y variar el equipo, para encontrar la portería y la zaga adecuadas solo necesitó los primeros entrenamientos. Entre los tres palos, la temporada anterior Buckingham alternó a Sadurní y Reina en los partidos como local y visitante respectivamente, debido a los silbidos que la afición culé dedicaba al segundo desde el 5-0 contra el Dinamo de Moscú del Gamper; por su parte, Michels se decantaría por Reina a lo largo de sus dos primeras campañas y por Salvador tras la marcha de Miguel Ángel en 1973. En una nueva comparación entre los futbolistas recibidos y sus anteriores pupilos en el Ajax, sobre el nivel de los guardametas el técnico opinó lo siguiente: "El puesto de portero está muy bien cubierto. Se trata de dos grandes porteros, distintos, pero seguros. Son sin duda mejores que los que tenía en el Ajax. Reina por su juventud puede llegar muy lejos, es ágil y decidido. Sadurní es igualmente muy efectivo y tiene este algo que da la veteranía". En el Ajax, los compensados "costados tutti-frutti" , como los llamase Cruyff en su autobiografía, quedaron dispuestos con un lateral de recorrido como Suurbier en la derecha y unos Krol o Haan de más toque en la siniestra, con Vasovic en el puesto de líbero y Hulshoff como central, zaga sobre la que el corresponsal holandés para *Mundo Deportivo* Theo Stolz explicaría: "En los demás equipos modernos no suele haber más que solo un defensa que también ataca por el ala; en la máquina del Ajax los cuatro defensas también están preparados para el ataque". Una manera de proceder que, ya en el Barça, Michels corroboró para la *RB* al decir que su "sistema es el de que todos los jugadores sepan defender y casi todos, y digo casi todos, sepan atacar. Estoy buscando el equilibrio, tratando de inculcar a los jugadores que han de sacrificarse en beneficio del juego de conjunto". En el equipo *ajacied* que conquistase Europa la media de edad ascendía a veinticinco años, con Vasovic, Keizer y un Swart que alternaba titularidades con el joven Van Dijk como únicos componentes que podrían considerarse veteranos, ya que pasaban los treinta. Como recordase un Neeskens que jugó tanto de interior como de volante o lateral al referirse a su intensidad, en el mecanismo de acordeón muchas de las posiciones exigían ese sacrificio especial citado por Michels, y aunque el nivel global del futbolista acabase por imponerse a los atributos individuales, resultaba importante tener hombres en plenitud de facultades pulmonares, por lo que en el Ajax de mayor desgaste Krol, Suurbier, Neeskens, Mühren o Rijnders no pasaban los veinticinco años. Un Biosca obsesionado con la lectura del juego desde una

visión de fuerza y físico recordó la importancia de la juventud en el fútbol moderno para la *RB*: "Siempre es mejor contar con jugadores jóvenes. Hoy en día, y tal como se ha puesto el fútbol, lo primordial es correr. Es interesante, no lo dudo, poder combinar las dos vertientes, juventud y veteranía. Pero en una proporción que se asemeje a un 70-30% respectivamente. Eso sería lo ideal. En este momento hay que fiarlo todo a la lucha y la propia facultad física de los jugadores". A su llegada al Barça, Michels analizó las cualidades de su plantel y no dudó en que unos Gallego y Torres en la segunda mitad de la veintena encajaban a la perfección en el centro de la zaga, y que un Rifé de 29 años pero con una capacidad atlética privilegiada podría rendir aún como lateral irruptor en la derecha, en las veces del Suurbier *ajacied*. Pero en la izquierda se le presentaron dos problemas, la veteranía de un Eladio más pesado muscularmente que Quimet y las cualidades poco finas tanto del propio lateral zurdo como de Paredes, defensa suplente que acabaría sin disponer de minutos. Aunque entre las exigencias repetidas por Michels estuviera que los futbolistas dominasen ambas piernas, una peculiaridad de sus equipos fue que el lateral usado en la izquierda solía ser diestro, para compensar así la salida de balón hacia el interior con la más abierta en el otro costado, y sumar con ello un hombre por dentro para la posterior presión cerrada tras la pérdida del balón. En la estela de Krol, Haan o Neeskens, a su llegada Michels recomendó a la directiva el fichaje del lateral diestro del Granada De la Cruz, pero el precio marcado por la entidad nazarí hizo imposible la llegada ese año, algo que Montal conseguiría para el curso siguiente, una vez los andaluces bajaron sus pretensiones. Así que Michels empezó con una defensa internacional formada por Gallego, Torres, Rifé y Eladio, hasta que la lesión de este último propició la variante que se asentaría durante la mejora del equipo a mitad de temporada, la entrada como lateral izquierdo de un Quique Costas cuya pierna dominante era la derecha. Muestra de que un Eladio al que Carlos Pardo definió como "vigoroso, pero con dificultades para controlar el balón" no convencía a Michels fue que, ya en pretemporada, este probó en la zaga a Fusté, leyenda azulgrana que a los 30 años había "jugado en todos los puestos. Con el '10' en la espalda es donde me encuentro más a gusto. Tampoco me disgusta jugar de volante izquierdo, con el '6'", tal y como manifestó en el boletín del Barça. En su autobiografía, Cruyff recordó que incluso los laterales del Ajax eran "posicionalmente buenos y técnicamente incluso mejores", y Eladio era un lateral inmenso, pero no tenía finura técnica. Como este, Fusté perdería importancia pronto, tanta como para decidir colgar las botas a final de curso, momento en que el lateral también dejaría la entidad para irse a jugar a un Hércules de Segunda donde coincidiría con el propio Fusté, quien tras su partido homenaje se desdijo -algo que no sentó bien en el club azulgrana-, quedándose así el equipo sin dos de sus mejores futbolistas en los sesenta. En relación al resto de la zaga, asentado como central llevaba tres años un Torres definido en la *RB* como "inteligente en el corte, duro pero noble en todo momento, veloz y práctico en el juego por alto y siempre en el más alto nivel de eficacia", de cuyo rendimiento a esas alturas se dudaba poco. Su pareja con Gallego sería resumida por Michels como "un tándem excelente. Fuertes, rápidos y con visión, toda una garantía. Torres es muy regular y se puede confiar en él. Su tranquilidad es muy necesaria para el conjunto, serena el juego. De Gallego qué voy a decir, bien dotado, es de lo mejor que conozco en su puesto". Tras apuntar que "Rifé es muy necesario porque sabe correr bien la banda" y destacar de Eladio su experiencia, el entrenador se mostró conforme con un retaguardia a la que calificó como "segura y contundente", pero recordó que "el único problema es no tener reservas suficientes, pero ojalá no se note". Y se notó, porque, como se ha dicho, la baja de Eladio la cubrió un Costas que aclarase que el puesto de volante le iba mejor con unas cualidades que repasó para la *RB*: "Toda la vida he jugado de medio y creo que ya me había compenetrado muy bien con ese puesto. Tanto que le llamo "mi amigo el puesto". Pero con todo esto no quiero decir que no pueda rendir de lateral. Según las nuevas tácticas del fútbol moderno, el puesto de lateral no está en desacuerdo con mis cualidades, ya que los defensas también atacan con frecuencia al desdoblar sus atribuciones. Y a mí lo que no me gusta es estar estático en el campo, sino moverme mucho". En *14. La autobiografía*, Johan recuerda cómo el uso de un centrocampista como defensa no era puntual, sino que para

Michels se trataba poco menos que de una norma: "convertir un centrocampista o un delantero en defensa surge de la filosofía de Michels en el Ajax. En general, tienen mejor técnica que el defensa clásico, eso es una ventaja a la hora de cambiarlos de posición". Hasta la llegada de De la Cruz, la salida de balón en corto por la izquierda sería llevada por un Costas en el que se apreciaban sus dotes como volante, en lo que sería la figura más parecida al Krol *ajacied* que se vería en el Barça de Michels. Y la entrada de un lateral puro desde el curso siguiente no benefició al juego desde la base. Este paso de Costas a su mejor puesto meses después conllevaría la vuelta al banquillo de un Zabalza que precisamente había aprovechado el cambio de Eladio por Quique para hacerse con la titularidad ese curso, en una medular que completaba el indiscutible volante Juan Carlos. No exento de técnica, desde el interior Zabalza era un comodín que representaba la brega navarra de quien Michels aseguró que se podía "contar con él siempre", toda vez que un Juan Carlos sobre quien el técnico destacase que "da cuerpo al equipo" era el organizador de un grupo donde, desde una posicionalidad que trataba de ocupar los distintos sectores del campo, todos tenían licencia para moverse según los espacios demandasen, algo que el Cruyff jugador del Barça consideraría un deber: "Jugar sin balón es algo que deben hacer todos los futbolistas". Desde que llegase del Osasuna en 1967, sin hacer ruido Zabalza había contado para los distintos técnicos, con rachas alternas de continuidad que lo llevaban a la Selección y otras cercanas al ostracismo, con el denominador común de dar un notable siempre que le tocaba jugar. Con Michels empezaría suplente y acabaría fijo como volante-interior de más corte táctico y defensivo, titularidad que coincidiría con la mejora de un equipo al que aportó las cualidades que él mismo destacó en una entrevista concedida a Joaquim Ibars: "Mi labor depende casi siempre del contrario al que tenga que marcar. Si es un hombre en punta, entonces se me verá con frecuencia en las cercanías de nuestra área; si es un centrocampista, podré irme al ataque en algunas ocasiones, aunque parezca lo contrario, a veces somos los volantes los que tenemos oportunidad de marcar, me gusta chutar desde fuera del área. A mí me gusta correr, y en mi misión se recorren muchos kilómetros". Con el zurdo Asensi como interior por la izquierda, la pareja establecida por Zabalza y un Juan Carlos que desde que llegase del Racing de Santander en 1968 ocupó puestos de volante o interior derecho, se encargaba tanto de elaborar el juego cuando no era llevado por Gallego o Costas como de anclar al equipo y evitar que, en transiciones, se viesen dos mitades, observándose en Zabalza una labor más desde el movimiento y la entrega y en Juan Carlos desde la lectura de la ubicación idónea según el desarrollo del partido. Distinción de puestos y roles que el propio jugador cántabro explicó así: "alineado de interior, con el ocho a la espalda y con la misión concreta de ayudar al centro del campo, pero sin descuidar nada el ataque. Es decir, que lo mismo se me ve en el centro que rematando a gol. Cuando salgo de medio no puedo permitirme el lujo de hacer escapadas hacia delante, por miedo a que un contraataque nos coja desprevenidos". Sobre la complementariedad de ambos y lo decisivo en el radical cambio de rumbo del equipo con ellos compartiendo alineación, en la *RB* se lee: "Juan Carlos volvió a ser el pulmón del equipo, su brega constante y acierto en el juego fue pieza decisiva. Zabalza se ha convertido en hombre base, porque el navarro lucha como el mejor y se juega lo que hay que jugarse cuando se mete en el área".

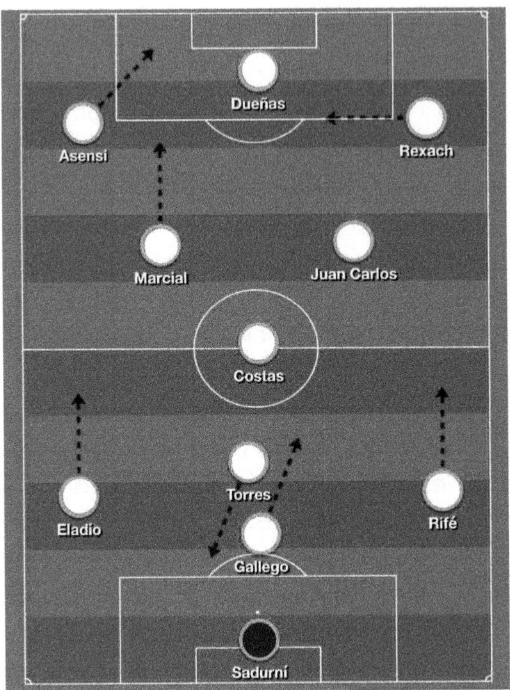


**Alineación de la Copa de Campeones de Ferias**

Pero antes de la mejora que salvó a Michels, una de las inestables alineaciones iniciales que dispuso como entrenador del Barça se llevó en propiedad la Copa de Ferias, en la cita disputada el 22 de septiembre de 1971. El trofeo honorífico llamado Copa de Campeones de Ferias, o Copa Noël Beard en homenaje al orfebre que la creó, enfrentó en el Camp Nou al club azulgrana como primer ganador y al Leeds como último. Si tras los primeros partidos bajo la dirección de Michels el periodista Narbona destacaba los "desplazamientos y aperturas a los espacios libres" ofrecidos por el equipo, o su compañero Casanovas había expresado sus buenas sensaciones durante la pretemporada al decir que "no es ningún secreto que Michels pretende dar al Barcelona las características de juego que le proyectaron a la vanguardia del fútbol mundial, es decir, un fútbol de conjunto, veloz e incisivo, que cuente con los máximos elementos a la hora de defender y con todos los efectivos cuando domina el balón", una vez ganado el Gamper a inicios de septiembre el técnico holandés se mostraría negativo con el juego de los suyos: "No dispongo del material suficiente para formar el equipo que tengo en la cabeza. Pero sí cuento con los hombres bastantes para formar un equipo práctico. Me irrito cuando veo que no juegan fútbol de conjunto, algunos jugadores practican fútbol de colegio. El fútbol moderno es mucho más sencillo de lo que algunos creen, de nada sirve hacerlo complicado. Todavía falta bastante. Cinco o seis jugadores me entienden, pero los demás no juegan todavía para el conjunto como yo quiero. Y solo que falle un jugador, el bloque ya lo acusa. En el fútbol moderno los defensas deben ayudar a los delanteros y estos convertirse en defensores cuando haga falta". Pero para los primeros compases de la temporada, en los que se disputó el duelo europeo, un Rinus que se declaró "enemigo de los cambios" ya parecía aceptar lo disponible y trataba de actuar en consecuencia: "Tengo portería, defensa y centro del campo muy bien cubiertos; en la delantera tengo que encontrar dos especialistas". Ese primer "equipo práctico" fue suficiente para que el Barça cerrase con victoria la Copa de Ferias y dejase sin honores a un Leeds dirigido por Donald Revie que desde que ascendiese a la primera división inglesa en 1964 había conseguido una Premier, tres subcampeonatos, una Copa de la Liga, dos Ferias, un segundo puesto de esta, y una clasificación a semifinales de la Copa de Europa. Gracias al doblete de Dueñas, los de Michels ganarían 2-1 a un clásico equipo británico que, para conseguir tal poderío en tan poco tiempo durante una Inglaterra triunfal, contaba con una defensa sólida en la que aparecía el antiguo extremo y actual mejor lateral zurdo del país Terry Cooper; la pareja de Moore en Inglaterra ´66, hermano de Bobby y leyenda del Leeds Jack Charlton; o Norman Hunter, a quien desde que Brian Clough dijese que "te mordía las piernas", se le conocía literalmente como *Bites yer legs*. Pese a que finalmente no pudo contar con Cooper y Madeley, el Leeds era un duro rival, que el periodista Vigia desglosó así: "Su patrón de juego es 1-4-3-3: un portero, cuatro defensas en línea, tres hombres en el centro del campo, con uno libre cuya misión es estar presente en todas las acciones del juego, tanto defensivas como ofensivas (Alan Clarke), y tres hombres en punta, jugando en las posiciones clásicas de extremos y delantero centro. El marcaje lo efectúan por zonas, como es normal en casi todo los

equipos de las islas". Esa importante línea defensiva con marca zonal que señalaba Vigia era similar a la usada en la Inglaterra de Ramsey, distinta de la zaga escalonada y de la salida de balón que los Vasovic o Gallego ejercieron con Michels. La victoria contra los ingleses supuso el broche de oro a una exitosa trayectoria azulgrana y a un histórico torneo que, con motivo del paso a la Copa de la UEFA que se estrenaría ese año, se recordó así en la *RB*: " El éxito creciente de la Copa de Europa de campeones de Liga, patrocinada por el gran rotativo "L'Equipe", fue motivo de que otro gran periódico deportivo, pero de distinta nacionalidad, "La Gazzetta dello Sport", tomara bajo su tutela la creación de otro torneo internacional en el que tendrían cabida las grandes ciudades europeas que albergan y organizan en su seno ferias. Este es, a grandes rasgos, el inicio de la "Coupe de Villes de Foire". Los principios fueron difíciles, la cuestión política hizo su aparición en la primera edición y fue causa de que algunas entidades retiraran su candidatura de participación. Para el Barcelona existía una seria contrariedad, según sus estatutos sociales, aún no reformados, los asociados tenían derecho a presenciar la totalidad de partidos que se celebrarán en Les Corts, lo que suponía que su participación sería onerosa al no poder contar con ingresos en taquilla de sus asociados, que pocas localidades dejaban para venta al público en su ya "viejo campo". Hecha la ley, hecha la trampa; como el trofeo se refería a ciudades, el club azulgrana tomaba la representación de la de su nombre, por ello los barcelonistas debutaron en el trofeo con la camiseta blanca y el escudo de la Ciudad Condal en el pecho, lo que permitía cobrar una módica cantidad a sus socios, que le permitía hacer frente a los gastos de desplazamiento y organización. En el primer torneo el Barcelona inscribió su nombre de campeón, jugando dos memorables partidos contra la selección de Londres. El segundo torneo registró ya mayor número de inscripciones y regularidad en las fechas; el primero se había iniciado en diciembre de 1955 y finalizado en mayo de 1958. También el Barcelona escribe su nombre en el palmarés de campeones venciendo asimismo a un equipo inglés, el Birmingham. Es en la tercera edición en la que el Barcelona, por sus méritos y aportaciones es declarado miembro fundador, que aporta ya una completa y segura regularidad;

necesariamente han de jugarse la totalidad de los partidos en el curso de la temporada y la inscripción es limitada. El Barcelona es eliminado por el Hibernian. La Copa de Ferias tiene ya categoría de gran competición internacional. Los clubes más poderosos de Europa se inscriben en ella, la flor y la nata de las grandes entidades solicitan su admisión. Las Asambleas que se celebran anualmente tienen como objetivo primordial decidir quiénes la integrarán o quiénes quedarán fuera de ella, y para ello se amplía el número de participantes a las naciones con más auge en el fútbol y según su clasificación en el Campeonato de Liga. Cualquier modalidad de Feria o Congreso se aprovecha para solicitar su admisión. La UEFA se da cuenta de la importancia internacional que ha adquirido lo que en su día fue una vacilante organización y crea la Copa de la UEFA, que substituye a la de "Ciudades en Ferias". De las trece ediciones de la Copa de Ferias, seis han sido ganadas por clubes españoles, tres el C.F. Barcelona, una sola el fútbol italiano, el húngaro, el yugoslavo y los ingleses, coincidiendo con su gran forma, han ido al cupo de las últimas ediciones, Leeds 1967-1968, Newcastle, Arsenal y el último título de nuevo para el Leeds".

Tras conquistar la copa honorífica, caer en la Recopa y en el foso de la Liga, desde el empate contra el Real Madrid los de Michels sumaron quince victorias, cinco empates y solo una derrota, racha que les hizo llegar a la penúltima jornada liguera con la posibilidad de asaltar el liderato madridista si ganaban al Córdoba a domicilio. El 1-0 contra los de Vavá dejó sin opciones a un conjunto catalán que cerró la Liga en tercer lugar, tras Madrid y Valencia, pero con una sensación de mejora grupal que si bien no se acercaba en absoluto al juego exhibido por el Ajax de Michels, al menos ponía en la senda correcta a un grupo que aún precisaba asimilar mucho para pasar de una lectura del fútbol como fuerzas individuales a una del fútbol como totalidad. A diferencia del año previo con Vic Buckingham, la Copa del Generalísimo no estaría de parte del holandés, y su derrota en cuartos contra el Atlético de Madrid no pudo compensar la dramática situación de perder el título liguero en el desenlace de la temporada. Como su antecesor en el cargo, Michels era partidario de firmar contratos anuales, que serían renovados a consecuencia del rendimiento durante el curso, sin torzar la situación de continuidad en los casos que el

nivel ofrecido no respondiese a las expectativas. Para el ejercicio 1972/73, tanto Montal como Michels creyeron que el equipo estaba en fase evolutiva, por lo que se acordó una renovación que Montal explicó con toda la naturalidad que su proyecto permitía: "Mantener a Michels no es una cuestión de capricho, sino seguir por el camino de la continuidad y de la autoridad en el club. En el fútbol es conveniente descartar tanto las posturas triunfalistas como los fatalismos, pienso que en el fútbol moderno la continuidad técnica es un factor primordial. Además del cese de Helenio Herrera, que también debe movernos a reflexión, ahí están Rabasa, Brocic, Orizaola, Miró, Kubala, Gonzalvo, César, Sasot, Olsen, Artigas, Seguer, Buckingham. ¿De qué nos ha servido tanta movilidad?". A ese respecto, Michels apunto que en el Barcelona se habían producido "demasiados cambios en los últimos años. Es necesario prolongar la estancia de un entrenador, con el fin de que sus enseñanzas puedan producir efectos positivos. La labor del primer año depende mucho de la suerte. Con dos o tres años se puede formar bien un equipo".

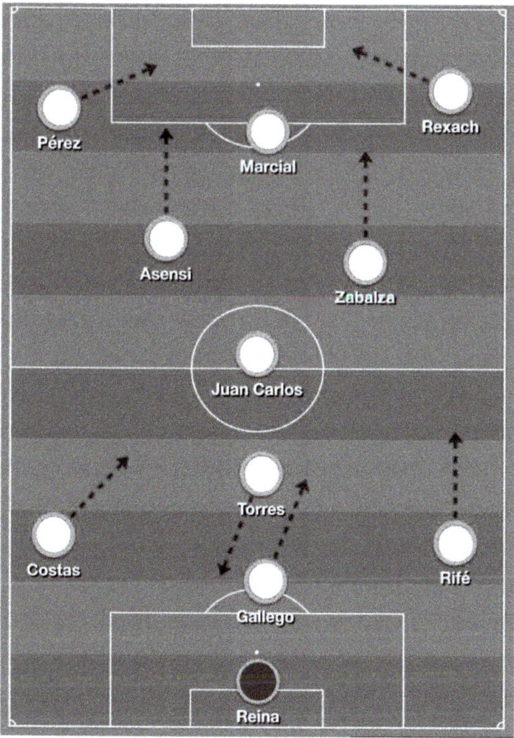


**Alineación tipo 71/72**

En el verano de 1972, Michels declaró haber aprendido algo sobre la mentalidad española que trataría de respetar: "Mi experiencia me ha demostrado que el jugador español entiende el periodo de vacaciones como de descanso total". El holandés aceptaba esta desconexión, pero recordaba a sus jugadores la importancia que tenía para él coger el tono físico desde primera hora, por lo que la responsabilidad de llegar a pretemporada pasados de peso recaía sobre los propios futbolistas. Habiéndose mostrado partidario de las concentraciones por su importante "faceta colectiva" pero contrario a que se alargasen demasiado porque llevaría al tedio y la consiguiente ruptura de la armonía, en una entrevista para *RB* Michels habló sobre los objetivos de un *stage* que en esta pretemporada cambiaba Olot por La Molina y se desarrollaría entre el 31 de julio y el 12 de agosto: "En España los jugadores prefieren los entrenos con balón que

a base de ejercicios físicos. Es lógico, porque lo primero resulta más descansado. Pero considero que los ejercicios físicos son necesarios para tener una base atlética al empezar la temporada. El *stage* tiene una faceta colectiva muy importante. La mejor forma de integrarse es a través de estos días de convivencia, días en que todos juntos se unen para vencer a resistencias de la naturaleza, como subir pendientes en grupo o trasladar troncos de un árbol. Esto es muy útil en un deporte de conjunto. El trabajo se centra en los pulmones y las piernas, y eso solo se consigue a base de correr y correr. Fundamentalmente se trata de mejorar la condición física del jugador después del período vacacional. Lo fundamental es que los pulmones del jugador estén dotados para futuras sesiones de trabajo sobre el terreno de juego. Pero los entrenos van a cambiar. Dedicaré unas atenciones especiales al apartado técnico, acentuando la preparación física. Solo con la práctica de ejercicios técnico-tácticos podemos desarrollar las condiciones físicas de los jugadores". Además de los kilómetros de *footing*, los esprints, el salto de vallas o la carga de troncos, Michels preparaba unos partidillos de cinco contra cinco y unas competiciones de "tenis-pie" por parejas con el objetivo dual de liberar las tensiones que el cansancio acumulaba en los futbolistas y no descuidar el aspecto técnico. Finalizado el periodo de concentración, tanto Montal como Michels hablaron públicamente en un nuevo acto de presentación de temporada, comparecencia donde tocaron temas candentes como los demandados fichajes o el juego que podría esperarse en ese segundo año con el holandés en el banquillo. Michels había dicho que "un entrenador moderno no solo tiene que tener buena organización en el campo, sino en todo. Conocer bien a los enemigos es muy importante. Estudiar el calendario de la Liga o los desplazamientos a realizar, ya que conocer el campeonato que se va a jugar es tan importante como conocer al propio equipo", y para esta nueva temporada aseguró tener mucho más avanzado ese minucioso estudio de contexto, por lo que supuso que los resultados inmediatos serían mejores que los obtenidos a su llegada. Pero aun con todo, el holandés no prometería victorias o un fútbol bello a los socios, sino que se adecuaba a una realidad que, a esas alturas, se imponía sobre la ansiada gloria de los barcelonistas: "Los socios tienen una concepción romántica del fútbol y del equipo. Desean verle triunfar y es justo, porque posee esa prerrogativa y puede utilizarla con entera justicia. Sin embargo, a esa concepción romántica se opone la realidad de que todavía no somos los mejores, aunque estamos en camino de serlo. Yo no prometo nada, nunca lo hago, pero exigiré a los jugadores que luchen y luchen desde el primer día". Por su parte, Agustí Montal se dirigió directamente a los futbolistas en un tono destinado a que sus estados de ánimo no fuesen arrastrados por la riada de exigencias mediáticas del entorno, pero sin dejar de atender a la profesionalidad que debían asumir: "Que quede bien claro que no somos la mejor plantilla de España. Ese tópico ha sido nocivo para nosotros. Somos un equipo, simplemente. El auténtico sentido y espíritu es una camaradería mutua, solamente de esta forma podéis entregaos total y absolutamente al fútbol y a unos colores gloriosos como los que lucís". Los discursos de rigor estaban bien, pero pronto los periodistas querrían sacar algo más jugoso que transmitir a los lectores, por lo que el tema de la confección de plantilla sería ineludible en todas las entrevistas con el presidente y el entrenador como protagonistas. En materia de planificación, meses atrás Michels dejó claro su punto de vista para la revista *Dicen*, coincidente con el de su etapa inicial *ajacied* al decir que "lo ideal es tener un jugador de clase, un auténtico especialista por puesto, pero eso es una cosa que no se consigue en un año, en España es muy difícil encontrar hombres de clase para los puestos que el Barcelona no tiene cubiertos con jugadores de tal condición". Para su segundo año pensaba igual en relación a la funcionalidad, pero se mostraría menos exigente que el día que llegó a España en lo relativo al nivel del fichaje, y tras la aceptación de que "hay que fichar hombres con sentido realista. No buscar únicamente la fama, sino sus posibilidades de acoplamiento a la función que hay perfectamente pensada para ellos desde el momento en que nos interesan", se conformaría con las incorporaciones de De la Cruz y un Barrios que, también desde un Granada al que partiría Dueñas, llegaba para actuar en el ataque: "Conseguimos los hombres que necesitábamos por sus características de juego. Elementos seguidos y estudiados detenidamente". En la misma dirección, Agustí Montal explicó en el boletín oficial cómo los responsables de altas y bajas del

club trabajaban en concordancia con el entrenador para tratar de ofrecerle "una plantilla de mejores cualidades y más equilibrada. La plantilla ha sido renovada gradualmente y vamos a seguir con ello. No queremos vedetismos, sino un mayor sentido de colectividad en nuestros jugadores. A lo largo del campeonato hemos podido observar dos problemas centrales: la insuficiente capacidad goleadora y la ausencia de un jugador que ejerza la función de alma del equipo, de este fuera de serie que, por su capacidad de esfuerzo y por su clase, añoramos hace tanto tiempo, en vista de nuestra política para fichar jugadores para cubrir puestos y misiones concretas, resultaría muy positiva la autorización para fichar jugadores extranjeros. Esta circunstancia no será, a pesar de ello, sino un complemento de nuestra actual tarea de protección de la cantera y de incorporación de aquellos valores nacionales que puedan cubrir los lugares y misiones que ya he apuntado". En cada declaración del presidente había dardo para la federación y se sentía el anhelo por el liderazgo de Cruyff y por la llegada de algún otro crack para el ataque, punto este último que, con las declaraciones posteriores sobre los equipos participantes en el Joan Gamper de ese año, tendría respuesta en la figura de uno de los componentes de la que pasaba por ser la mejor generación peruana de la historia: "Aunque una vez más -por culpa de las exigencias del calendario británico de liga- nos hemos visto obligados a prescindir de la presencia de un equipo inglés, creo sinceramente que la participación en el próximo Gamper ofrece grandes atractivos al aficionado. Tenemos el Municipal de Lima que, de hecho, es la selección peruana, con sus grandes estrellas Sotil y Cubillas". Sería Sotil y no Cubillas el gran fichaje, pero para verlo de azul y grana aún faltaba una temporada.

En el apartado de bajas, a las de Fusté, Eladio y Dueñas se unieron ese año las de Bustillo, Paredes y Romero, jugadores no usados por un Michels que pese a manifestar con la boca pequeña estar conforme con los dos fichajes, los retornos de Cortés y Laredo y una plantilla corta, en realidad no se contentaba con cerrar el ataque solo con Barrios, quien se había definido como "delantero centro nato. Pero no un goleador nato" y venía de hacer cuatro goles en su dupla nazarí con el Pichichi Porta. Por lo que el técnico dejaba la puerta abierta a futuras adquisiciones:

"Defiendo el criterio de contar con diecinueve jugadores. Claro que si luego hay oportunidad de realizar un fichaje importante, se amplía el número y se afronta el problema de contar con más. Si hay lesionados, podemos recuperar a los cedidos, y si hay esos inevitables compromisos amistosos, contar con el Barcelona Atlético". Los canteranos ya sabrían que su papel estaría limitado a partidos fuera de competición, por lo que Michels insistió en que sería mejor ceder a Mora, a un Abete que prestaría servicio militar y a Laguna, quien "debe madurar, y no resultará conveniente tenerlo en la plantilla", en palabras del técnico. En relación a esos fichajes de oportunidad que refiriese el neerlandés, los oriundos entrarían en liza a través de un Rodri que viajó a Sudamérica a realizar informes de los mejores futbolistas no internacionales que pudiese observar. Así llegarían a la primera plantilla dos argentinos a finales de agosto: Cos, atacante de 23 años definido en la *Revista Barça* como "delantero centro habilidoso, oportunista y eficaz en el área", quien tuvo que ser operado a las primeras de cambio y, pese a su recuperación a mitad de curso, apenas volvió a jugar en el Barça; y el "extremo derecha y delantero centro, jugador de dos pies. Ídolo de Rosario por su espíritu de lucha y labor positiva de cara al marco rival; rápido, de fácil tiro y con potente y colocado remate de cabeza por sus facultades en el salto" Juan Carlos Heredia, cuyo fichaje produjo un conflicto con la federación que acabaría con su cesión inminente al Oporto, luego otra al Elche y el retraso de su estreno azulgrana dos temporadas.

Para fichar oriundos, en los países de origen del futbolista había funcionarios españoles destacados que se encargaban de gestionar la legalidad de la documentación, y hasta el llamado Caso Heredia no hubo problemas con ello. Pero la Federación Española bloqueó el traspaso del Milonguita por presuntas irregularidades, lo que ocasionó la ira de un Montal que amenazaba con denunciar las contrataciones similares llevadas a cabos por otros clubes. Encabezado por un "Deseo aclarar de una manera tajante y rotunda que, como español, quiero que mi club tenga el mismo trato que reciben todos los clubes de España", en el *Boletín oficial informativo del C.F.Barcelona* se leen diez puntos elaborados por la propia presidencia y entregados a los medios de comunicación, en los que se hace referencia al

caso de Di Stéfano en 1953 que acabó con este en el Madrid y no en el Barça, al de un Irala que ya en Barcelona confesó ser internacional con Paraguay y tuvo que volverse, o a los sucesos del brasileño Silva y Cruyff, donde por una cosa u otra la federación mantuvo su postura de mercado y no accedió a las presiones barcelonistas. Desde el cuarto punto, la directiva profundiza en la situación actual y el Caso Heredia: "Con el caso Heredia volvemos a presenciar, sin embargo, un nuevo desbordamiento hacia terrenos que escapan al ámbito del deporte. Están actuando hoy en España 60 jugadores procedentes del exterior, de los cuales sólo 14 son nacidos en nuestro país. Los restantes 46 se han contratado de acuerdo con la vigente normativa, según la cual, la Federación Española de fútbol reconoce la nacionalidad española en base a la documentación oficial tramitada y firmada por nuestras representaciones diplomáticas y consulares. Es decir, contra presentación del Certificado de Nacionalidad y Pasaporte suscritos por una autoridad consular o por la Cancillería de la Embajada correspondiente. Para la contratación de sus jugadores Cos y Heredia, el CF Barcelona, vistos los documentos que le fueron presentados, se atuvo fielmente a las normas federativas para la tramitación legalmente establecida. Incomprensiblemente nos hallamos ahora ante el caso Heredia, para el que ya no parecen suficientes los requisitos a que acabo de referirme. La legalización de la firma de nuestro canciller en Asunción (la misma que figura al pie del certificado de nacionalidad de la mayoría de "oriundos" que hoy juegan en España), es objeto súbita e inesperadamente de pesquisas e investigaciones sin precedentes hasta el momento, ante la situación planteada, la postura del CF Barcelona no puede ofrecer la menor duda. Estamos preparados para defender hasta el fin los intereses de la entidad, es decir: que si la documentación presentada para Heredia no es conforme, resultará indispensable una revisión de igual profundidad y alcance para las presentadas en los otros 46 casos a que antes he aludido. De la reunión que la Real Federación Española de futbol ha convocado para el próximo día 30 esperamos la autorización para que el jugador Heredia se incorpore oficialmente a nuestras filas. De no ser así, procederemos en consecuencia".

La federación se reunió y rechazó la documentación de Heredia, por ello Montal retiró al representante del Barça, José María Sentís, del máximo organismo del fútbol español, y un Michels al que las virtudes de movilidad, entrega y gol de Heredia le venían de perlas se quedó ese año sin el atacante con verdadero nivel que tanto habría necesitado. Así las cosas, además de Rexach, Marcial, Pérez, Juanito y el fichado Barrios, en la temporada 1972/73 Michels optó por dar minutos en el ataque al espigado Martí Filosia, a quien el curso previo desconsideró por no alcanzar el estado físico necesario. Filosia era un fino atacante de 27 años al que, como a sus compañeros Pujol y Alfonseda, en verano se le había ofrecido la posibilidad de salir cedido. En esta situación, Pujol admitió que Michels le dijo que sería traspasado, pero se mantuvo en sus trece ya que creía "ser útil al Barcelona. He sido internacional en todas las categorías, y si esta temporada no he jugado ha sido debido a las lesiones", Alfonseda apuntó que quería quedarse en el club, pero que estaba resentido con la directiva por promesas económicas incumplidas, y un Filosia que desde que jugase en el Condal en la 65/66 no había alcanzado cifras respetables de goleador y era silbado día sí día también desde la grada por actitudes pasivas similares a las achacadas a Rexach o Marcial, manifestó con resignación que si se le presentaba una cesión la volvería a aceptar, ya que no creía tener "muchas posibilidades de jugar esa temporada". Todos se quedaron en la plantilla, y sorpresivamente el que menos fe tenía en contar para Michels acabaría haciéndose con un hueco a base de trabajo y calidad, en ocasiones como delantero pero casi siempre como interior de ataque. Filosia haría cinco tantos en Liga, tres más que Marcial, los mismos que Asensi y solo tres menos que Barrios y dos que Rexach, sus acompañantes habituales.

Si el primer Barça de Michels empezó bien la pretemporada, mal la Liga y la Recopa y acabó el curso lanzado, el segundo cumplió las expectativas desde primera hora y mantuvo regularidad a lo largo del año. Tras una pretemporada sin brillo, el equipo respondió en el estreno oficial, saldado con seis victorias y un empate en las siete primeras jornadas ligueras, entre ellas un 1-0 en el Camp Nou contra el Real Madrid. Aun con las victorias y el liderato, un Michels comprometido con el juego insistía en mejorar los

mecanismos grupales de ataque: "Falta peligro. Hay impotencia del fútbol de ataque. Nos cuesta demasiado conseguir goles y esto no se refiere únicamente a los delanteros. El fútbol de ataque implica a todos los jugadores. Tenemos en la plantilla jugadores que, dada sus excepcionales cualidades, pueden marcar goles de forma individual. Tenemos delanteros con cualidades y habrá que adaptarlas al estilo de juego. La zaga y el medio campo han de apoyar más, arriesgar más. Dar más movilidad en el medio campo". Sin ninguna incorporación de verdadero nivel, ese último Barça sin extranjeros aún añoraría el gol, por lo que el movimiento de jugadores en la franja ofensiva sería constante, con Barrios o Filosia en el puesto de delantero centro, Marcial y Rexach a ambos costados, o Zabalza, Pérez y Juanito convirtiéndose en opciones principales de recambio. Dado el baile, las cifras goleadoras serían escasas y repartidas, con un Barrios del que se lee en la *Revista Barça* que "sus jugadas no despiertan admiración en el público, que no es un virtuoso tipo Quini o Gárate. Pero pisa el área con decisión, va a por todas. Un ariete que no se amilana ante la dureza de las defensas, que pelea y lucha y que sus entradas producen desazón en las zagas", como máximo artillero en Liga con ocho goles. Entre los meses de septiembre y octubre el punto negro volvió a estar en Europa, donde los de Michels fueron apeados en primera ronda de la Copa de la UEFA por el Oporto dirigido por Fernando Riera, que les derrotó tanto en casa como a domicilio. Para diciembre el conjunto azulgrana seguiría a la cabeza de la Liga y Rinus Michels dejaría unas impresiones por escrito en el boletín oficial barcelonista que respondían a un tiempo a ese "análisis en tiempos de estabilidad" cuya idoneidad significase Bielsa, al "ir partido a partido" repetido por otro entrenador histórico como Simeone o a la expresión atemporal que dicta que "el resultado siempre es una consecuencia del buen juego" que Menotti usó en múltiples comparecencias: "En el comienzo, pesaba sobre todos el desagradable final que tuvo la temporada pasada. La afición tenía razón al estar triste porque los resultados no habían sido buenos. El juego desplegado y los resultados alcanzados en el torneo Joan Gamper no ayudaron a cambiar esta situación. En estas circunstancias, los resultados de los primeros partidos tomaban una trascendencia fuera de lo normal. Esto, desde luego,

no es bueno para ningún equipo. El "tener que ganar" un partido es mucho más difícil que el "tener que jugarlo". Cuando escribo estas líneas llevamos disputados 12 encuentros de los que se han ganado siete, empatado cuatro y solamente perdido uno. Desde la segunda jornada, el equipo ostenta el liderato. Observando fríamente los números, los resultados son aceptables. Esto es un dato positivo en lo referente al rendimiento. Otra cosa distinta es la calidad del fútbol. El juego tiene que mejorar. Se sabe que hay que mejorar el juego defensivo y ofensivo. El conseguirlo traerá una mayor eficacia. Creo que es el momento de pensar ya, específicamente, en el grado de calidad del juego. Hay que ir construyendo todo esto semana a semana. Sin exagerados optimismos ni desesperaciones. Se parte de la unidad para completar el total". Pese a la escasez goleadora, el equipo jugaría bien a rachas y no se bajaría de la cabeza hasta el tramo final del curso, lo que para febrero del 73 supuso la segunda renovación de Michels. Tras el 0-0 obtenido contra el Real Madrid ese mismo mes, un Miguel Muñoz al que se le agotaba el tiempo como entrenador blanco dijo que se había "visto en el Bernabéu al campeón de la liga 72/73", en referencia al Barça. Gran parte del mérito de que el equipo ganase partidos aun sin ver puerta fue de una zaga que, como paradoja, tuvo dos contratiempos graves al principio de campaña y uno al final que resultaría particularmente sensible para el futuro del equipo. A la lesión en el Gamper de Quique Costas, quien tras ser operado pasaría la temporada en blanco, se unía la incomodidad en el puesto de lateral izquierdo de un De la Cruz que admitió lo siguiente para la *Revista Barça*: "Recuerdo que ya cuando jugaba en el Granada en el lado derecho, Kubala me llamó para jugar en la izquierda contra Grecia y Uruguay. Creo que bajo algo el rendimiento al jugar de lateral izquierdo. Al principio pensaba que con tres o cuatro partidos lograría un acoplamiento total en el puesto, pero he visto que no es suficiente". Pero el problema principal llegaría en marzo del 73, con la rotura del ligamento interior de la rodilla derecha de Gallego, en la derrota contra el Málaga que supuso la pérdida de un liderato que tomaba el Español y el acercamiento definitivo a la cabeza del Atlético de Madrid, equipo que acabaría por arrebatarles el campeonato. Tras pasar por el quirófano por primera vez a los 28

años, Gallego volvería antes de la temporada siguiente, pero la lesión le supondría la pérdida de esa consideración de indiscutible en un puesto tan importante para Michels como el de líbero, cuyo exigido rol de líder fue definido así por Stolz: "en la máquina de Michels el hombre que ocupa este puesto funciona como motor de juego e incluso como atacante". La pugna que mantuvieron los azulgranas y el Español en la cabeza fue aprovechada por el tercero en discordia, el Atleti dirigido por otro de los entrenadores duros de la época, un Míster Látigo Merkel que tras asaltar el liderato en la jornada 30 y empatar en el Camp Nou en la siguiente se llevaría la Liga. Tras finalizar segundo, la Copa del Generalísimo volvería a ser poco competida. Para la de este año, el "fichado" del filial sería Mas, delantero que manifestó que fue el propio Michels quien lo vio en el campeonato regional que el Barça Atlético ganó con autoridad y le dijo que contaba con él para la Copa. Si en el año de su estreno había sido precisamente el Atleti de Max Merkel su verdugo en segunda ronda, el viejo conocido del club Salvador Artigas apearía con su Sevilla de Segunda a los azulgranas en la primera fecha copera, jugada en junio y julio de 1973. En adelante, la apertura del mercado permitiría a Michels acercarse a su Ajax de manera sensata, pero a la vez le dejaba sin excusas ante posibles nuevas derrotas.

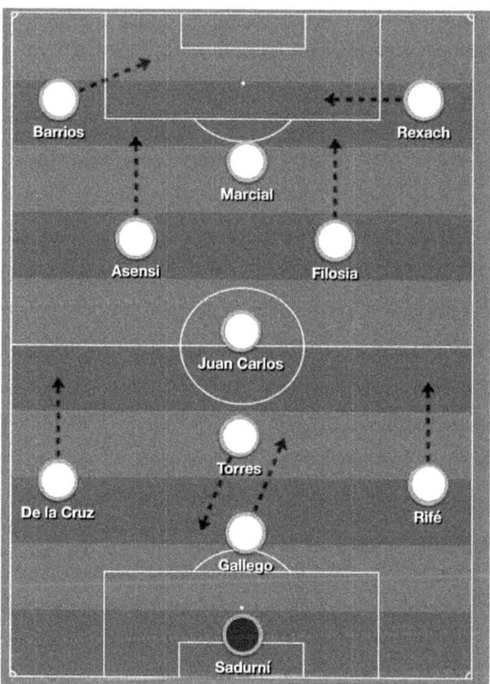


**Alineación 72/73**

## LA APERTURA DE MERCADO EXTRANJERO, EL TÍTULO DE LIGA Y UN HASTA PRONTO

En 1973 la Federación Española abriría las fronteras a futbolistas extranjeros. Con las llegadas de Cruyff y Sotil, el Barça de Michels haría una campaña arrolladora, la única del todo buena durante su estancia en Barcelona. Lejos de limitarse a la delantera, la plantilla azulgrana retocó todas sus líneas, cambios que por otro lado no gustaban a un técnico que creía en los largos plazos de asimilación, pero que la veteranía o el estado de determinados futbolistas hicieron necesarios. Reina señalaba a Michels cuando aseguró haber pedido el traspaso "no solo por dinero, sino que ha habido otras cosas", y su pase al Atlético de Madrid fue cubierto por el veterano Sadurní en la alineación y el joven Mora en la suplencia, quien tras volver de su cesión al Elche comenzó el año

operándose pero acabó por jugar algunos partidos, tras lesionarse Salvador. En la zaga, el descenso de nivel de un Gallego que sufriría otra lesión y el nuevo préstamo de Cortés permitieron la llegada desde Segunda división del joven Migueli, recomendado por su entrenador en el Cádiz Balmanya y que dijo poder jugar "en el eje o como cuarto hombre de retaguardia". Con 21 años, ese primer curso Migueli prestaría servicio militar en Ceuta, por lo que no tendría participación en un centro defensivo que, con Gallego y Costas recuperados y Torres como apuesta en el líbero, sería clave para que el Barça se convirtiese en el equipo menos batido de la Liga. Torres era un jugador seguro pero poco clarividente para construir, por lo que con su paso al puesto de libre este no quedaba cubierto en toda su extensión en un equipo de Michels, así que Gallego aún participaría bastante ese ejercicio, habitualidad que perdería la temporada siguiente, su última en el equipo. La inmediata entrada de Sotil en el once y la posterior de un Cruyff al que la Federación Holandesa puso trabas en la documentación para retrasar su marcha a España, permitieron que Marcial y Rexach jugasen por primera vez casi toda una campaña en sus mejores puestos, lo que supuso la salida de las alineaciones de los atacantes de nivel medio Filosia, Pérez, Barrios y Juanito, que tan buen rendimiento diesen como soluciones de urgencia, y la marcha del equipo de Pujol, Alfonseda y un Zabalza que a los 29 años ya había dado lo mejor de su carrera en Can Barça y se marcharía a Bilbao. Las bajas en un centro del campo cerrado con Juan Carlos como volante organizador y Asensi en el interior izquierdo fueron cubiertas con dos llegadas a mitad de año que resultarían poco útiles, la del autodefinido como "medio volante de ataque" Manuel Tomé, procedente de un Orense en Segunda, y la del oriundo Pedro Aicart, extremo peruano que por problemas en su pasaporte acabaría cedido en el Hércules. Tanto los once goles que consiguió Asensi como los diecisiete de Marcial demuestran que no mentían cuando en el pasado dijeron que podían jugar de lo que el técnico quisiese, pero que eran verdaderos interiores de creación y ataque. Michels había insistido en que para que los futbolistas se ubicasen en sus mejores puestos y su equipo funcionase se necesitaría un delantero que partiese de banda y otro móvil por el centro de primer nivel, y las llegadas de Sotil y Cruyff le dieron la razón. A los nueve goles conseguidos por Rexach desde la derecha se sumaron los once del peruano y los dieciséis del holandés, cifras que permitirían al Barça ganar la Liga con ocho puntos y veinticinco goles más que el segundo clasificado, un Atlético de Madrid que había cambiado el látigo de Merkel por la táctica del mundialista argentino Juan Carlos Lorenzo, quien les haría alcanzar la final de la Copa de Europa 73/74.

El 15 de junio se cerró el fichaje del Cholo Sotil, delantero de 24 años que llegaba del Municipal de Lima con la mochila llena de internacionalidades desde su convocatoria para México´70, participación sobre la que se leyó la siguiente reseña en el boletín oficial barcelonista: "El "Maestrito", como así llaman a Sotil en Perú, mide 1.67, de contextura fuerte y "chaparro". A los 20 años era internacional frente a la URSS. Se alineó por primera vez en los mundiales de México, cuando Didí le ordenó salir al terreno de juego para tratar de enmendar el 0 a 2 desfavorable con Bulgaria, cosa que se logró remontar, venciendo por 3 a 2". Sotil no llegó al Barça como el ala goleador en el que se convirtió con el ingreso de Cruyff, sino como un atacante polivalente con facilidad para asistir, desbordar o ver puerta, pero sin ser un especialista en ninguna de ellas, como muestran las palabras que le dedicó el ex barcelonista Seminario en la *Revista Barça*: "Se trata de un extraordinario jugador, aunque no llegue a la altura de Cubillas. Es un interior en punta puede adaptarse muy bien al régimen disciplinario de Europa. Dribla perfectamente en seco y corriendo". Como dijo su compatriota, Sotil no era ariete, por eso rechazó usar la camiseta con el número nueve y lució la numerada con el diez, pero los dieciocho goles conseguidos en su último año en Perú confirman que Michels solicitó su fichaje por esa facultad más que por los regates y las asistencias a los que tanto Seminario como él mismo se refirieron. Sobre sus propias cualidades, Sotil dijo lo siguiente: "Creo que es una cantidad más que estimable, teniendo en cuenta que mi función primordial no es la de meter goles, sino la de construir jugadas y crear ocasiones de peligro para que las rematen los que están en punta punta". Los extranjeros fichados habrían de ser grandes jugadores, pero a esas alturas Michels exigía atacantes que tuvieran la portería

entre ceja y ceja, por ello se decantó por Sotil sobre un Günter Netzer que había destacado en la Eurocopa de 1972 desde su posición en la media punta, como el propio técnico dejó dicho en la *RB*: "Netzer es uno de los mejores centrocampistas que se pueden encontrar. Pero es un centrocampista. En el momento que nosotros pudimos fichar a Netzer teníamos compromiso con Sotil. El peruano es también un centrocampista, pero más ofensivo. Entonces nos encontramos con dos jugadores de estilos diferentes pero que ejercen la misma función. Por lo tanto, al poder disponer de un segundo extranjero era mejor contratar a un hombre de ataque nato, una punta de lanza. La combinación Netzer-Sotil era buena, pero creo que todos los intentos hubiesen resultado estériles de no contar con un cazagoles. Ante estas circunstancias, nos inclinamos por Sotil, tiene 20 años, es más joven, Netzer creo que cuenta con 28, solamente jugó 18 partidos la última temporada y estuvo varias veces lesionado. Si hubiese sido posible fichar tres extranjeros, Netzer sería jugador del Barcelona". Esa segunda vacante goleadora seguía destinada a Cruyff, pero el Ajax se negaba a rebajar unas pretensiones económicas de tal calado que hicieron tirar la toalla a Montal y Michels, quienes aceptaron el fichaje en su lugar del máximo goleador de Alemania Occidental ´72, un Müller que acabaría por desestimar la oferta azulgrana al parecer por motivos ajenos al propio deporte, como apuntó el técnico holandés: "Gerd Muller no puede venir al Barcelona. Primero aceptó la oferta, pero luego se volvió atrás con mucho teatro, con unas declaraciones de cara a la galería. El ministro de finanzas alemán y el propio seleccionador germano intervinieron para evitar el fichaje". El del alemán y el de Cruyff eran temas de Estado, ya que ambos países consideraban que desprenderse de sus figuras supondría una enorme pérdida de ingresos para la nación, por lo que la Federación Holandesa instaba al Ajax a que no bajase su nivel de exigencia. En vista de ello, tras admitir que era imposible hacerse con las principales estrellas europeas, Michels consideró la opción de recuperar del Oporto y dar el puesto de goleador con ficha de extranjero a un Heredia que regresó a Barcelona ilusionado con la posibilidad, pero que tras entrevistarse con el gestor azulgrana conoció una situación que hirió su amor propio: "El señor Carabén me dijo que estarían pendientes de Cruyff y que si viene él yo debo esperar, y que si no viene ingresaré yo en el primer equipo. A mí me ilusionaba entrar en Barcelona por la puerta grande, no como un objeto, ahora tanto si viene Cruyff como si no viene yo me voy. Quieren cederme un año más al Oporto, hasta que adquiriera dos años de residencia en España, para entonces volver con la nacionalidad hispana". Por desgracia para él y suerte para la historia barcelonista, Heredia pasó cedido al Elche, Netzer no encajaba y acabó en el Real Madrid, Müller rechazó y siguió en el Bayern y un Armand Carabén cuya esposa era holandesa logró que Cruyff presionase al presidente Van Praag y a la federación de su país y, tras argumentar que en el Ajax había dejado de ser capitán, que el ambiente ya no era el adecuado y que no podía retenerse a un futbolista en contra de su voluntad, en una reunión en el hotel Alpha de Ámsterdam el tres veces Balón de Oro acabaría por estampar su firma sobre el contrato que lo unía al Barcelona. Para la *Revista Barça*, Agustí Montal resumió la situación del fichaje: "Los obstáculos que se presentaban parecían insalvables. Pero la buena gestión del señor Carabén ha logrado resolverlo. Cuando Armando marchó a Ámsterdam para hacer lo que todos considerábamos ya el último intento, ni él ni yo nos hacíamos muchas ilusiones, el Ajax ha rebajado sus pretensiones, yo no quería embargar el futuro económico de la entidad. Creemos que el fichaje de Cruyff será muy rentable porque acudirá más público a nuestro estadio y al igual que pasó con Kubala, estoy seguro de que desde todos los puntos de Cataluña vendrán peregrinaciones para verlo". Con la comparación entre Cruyff y Kubala, el presidente había conseguido reafirmar ese pilar de grandeza citado en el segundo capítulo. En lo referente a una economía que a esas alturas era tan importante como el propio deporte, pese a que las cifras no fueron oficiales se habló de cien millones de pesetas, lo que parecía excesivo hasta ver que tras los dos primeros amistosos en los que Cruyff fue de la partida se ingresaron alrededor de veinticinco millones.

Michels no tardó en apuntar que solo dos extranjeros no cambiaban un equipo, pero con la llegada de ambos atacantes el holandés estaría por primera vez realmente contento con la confección, aun con el hándicap de no disponer de un nuevo

líder en la zaga. Al final, dos extranjeros fichados con acierto sí cambiaron al equipo, pero la temporada oficial se abriría sin Johan y el Barça encadenaría tantas derrotas como dos temporadas atrás, lo que pudo quebrar la armonía. Ese año el *stage* se trasladó a la localidad holandesa de Arnhen, con partidos también en Bélgica y Alemania, novedad que tenía el objetivo de "romper moldes, una decisión para practicar fuera de España y medirnos a estilos distintos", según Michels. Tras ganar el Gamper a Municipal de Lima, San Lorenzo y al Borussia de Mönchengladbach, la competición doméstica se abrió con una derrota contra el Elche de Olsen a domicilio y un empate contra el Racing en casa, resultados por los que Marcial pasó al banquillo y se propuso al Valencia su intercambio por Valdez, trueque que al final no se llevaría a cabo por un desacuerdo pecuniario entre el jugador barcelonista y la entidad valenciana, lo que por supuesto Marcial se apresuró a desmentir: "No me quería ir del Barcelona. Sabía que tenía que triunfar". El Barça acabaría el primer mes con tres derrotas, entre ellas un 3-0 contra los franceses del Niza en Copa de la UEFA, y solo una victoria, en la cuarta fecha liguera. Por fortuna para los de Rinus, al tratarse del derbi contra el Español, el rotundo 3-0 a favor de los azulgranas tuvo especial influencia en el entorno, como refleja la crónica de los periodistas de *Dicen* Antonio Hernaez y José Luis Marco: "Michels ordenó un 4-3-3, su sistema clásico. Marcial, Juan Carlos y Asensi fueron los tres mosqueteros del Barcelona, los grandes dueños del centro del campo. Además, los autores de los tantos". En el resumen se aprecia el dominio de la posesión en el medio campo y los goles de los centrocampistas con llegada, dos de los conceptos tan trabajados por el entrenador holandés que, bien desarrollados, llevaron consigo barrer al Español de Santamaría, tercer clasificado en la Liga anterior. Pero el buen hacer del equipo en el enfrentamiento local no tendría continuidad, y en octubre llegarían una derrota contra la Real Sociedad, un empate contra el Madrid en el Camp Nou y una victoria por 2-0 que no fue celebrada porque supuso otra eliminación de competiciones europeas a las primeras de cambio, etapa delicada en la que Michels volvía a dudar y rezaba para que desde Holanda se adelantase una autorización esperada para diciembre. Sus plegarias fueron escuchadas, ya que a la victoria por dos goles a cero a domicilio contra el Castellón se uniría la participación de Cruyff antes de lo previsto, aspectos que resultarían inflexivos en una Liga 73/74 que, a diferencia de la de 1971, tendría un final acorde a la meritoria remontada.

El 28 de octubre de 1973, dos semanas después de la alegría contra los dirigidos por Lucien Müller en Castalia, Cruyff debutaría con doblete en el 4-0 frente al Granada de la octava jornada de Liga, y de ahí en adelante el equipo de Michels no solo mejoraría en goles y resultados, sino en lo más importante para el entrenador: los mecanismos de juego. Con el impacto de Cruyff a su favor, Montal ganó las elecciones en diciembre a Lluis Casacuberta, y gracias al liderazgo compartido de Michels y Johan su Barça exhibió un juego total que fue descrito así al final de curso por los citados periodista de *Dicen* en el libro *¡Campeones!*: "Fue una temporada vacilante en sus comienzos, pero rutilante, fabulosa, en su continuación. Desde la incorporación del holandés al Barcelona, cambió por completo el sistema del equipo. Al tener un auténtico líder en sus filas, los hombres del conjunto azulgrana rindieron un ciento por ciento más de sus posibilidades. Johan Cruyff fue el perfecto galvanizador. Y ha sido, también, el jugador que ha dado un sentido al equipo, una línea, un estilo, un eje por el cual guiarse". En la prensa se leyó que "con Cruyff resurgió el juego alegre y de ataque", y con él en la alineación modelo del primer Barça de Michels con foráneos los azulgranas escalarían puestos partido tras partido hasta acumular siete empates y dieciocho victorias, entre ellas el recordado 5-0 del 17 de febrero en el Bernabéu sobre el que el entrenador interino del Madrid, Luis Molowny, fue claro: "Nos faltó sentido de la anticipación, tanto en defensa como en ataque. El Barcelona se hizo con el centro del campo y practicó eficazmente el fuera de juego". Una de las pocas taras que había tenido el líbero Gallego y que más tarde tendría su recambio Marinho era la precisión en el papel a desarrollar en ese *pressing* hacia delante aplicado por Michels, táctica donde la trampa del fuera de juego defensivo era vital. Como cuenta Rifé, los jugadores del Barça necesitaron dos años para interiorizar y activar bien el difícil mecanismo al que se refiriese Molowny, y gran parte de la responsabilidad de la mejora recaía en el siempre impecable en lo táctico Torres: "Ya

lo habíamos intentado en temporadas anteriores, pero ahora es cuando está surtiendo efecto. Hemos perfeccionado detalles. El que está retrasado normalmente da la señal, que suele ser el líbero Torres. En cualquier caso, estamos todos al tanto de quién es el último de la línea y cada uno sabe que llegado el momento tiene que adelantarse, tiene riesgos, la ventaja más importante es que se reduce el campo de acción. Es decir, que en vez de jugar en cien metros jugamos en cincuenta o sesenta, con lo que así prácticamente contenemos los ataques del adversario antes de que lleguen al área. Por otra parte, es un sistema muy bueno para nuestro propio juego ofensivo". Con la presión en campo rival pulida con un Cruyff muy implicado en sus primeros meses como azulgrana, la primera derrota del equipo no llegaría hasta la penúltima jornada, tres fechas después del 4-2 en campo del Sporting de Gijón que dio al club una Liga tras catorce años de sequía.

**Dos fotos del fuera de juego en el Barça, sacadas del partido Barça-Feyenoord**

Antes de acabar la competición oficial y ya con Michels renovado, en marzo del 74 se habría producido el debut internacional de Cruyff, en un amistoso contra el Arsenal en Highbury que acabó con un 3-1 a favor del Barça. Con motivo de la cita, el reputado periodista del diario *The Times* Geoffrey Green hizo una crónica que por lo imparcial, detallada y certera, podría sintetizar el que pasaría por convertirse en el mejor Barça dirigido por Rinus Michels: "El Barcelona tiene futbolistas como Marcial, que es

capaz de convertirse en dueño y señor del centro del campo; Torres es un buen defensa escoba; Gallego se mostró magistral, Cruyff fue el constructor de los dos primeros goles y después se retiró a los vestuarios. Cruyff había demostrado sobradamente su arte en el terreno de juego. El Barcelona se mostró con espíritu creador y con un fútbol fluido, jugó como si fuera una rueca que estuviera hilando con movimientos sincronizados. El Barcelona fue un auténtico torbellino. Se intercambiaban los puestos de manera constante e inteligente, se hacían pases cortos que rompían el ritmo de los rivales a los que apuntillaban pases largos. En este país no habíamos visto jugar así desde los años cincuenta en que nos visitó el equipo nacional húngaro de Kocsis, Szibor, Puskás y otros grandes ases. Vimos un fútbol de potencia, los jugadores catalanes chutaban con fuerza de manera instantánea, de manera especial Marcial, que disparaba desde todos los ángulos. En medio de este equipo en constante movimiento estaba Cruyff. Cuando se escabullía hacia delante, acelerando como el vencedor de una carrera de corta distancia, era el mayor espectáculo que se puede presenciar en un campo de fútbol". A juzgar por el juego y los números que le siguieron, un jugador con los atributos de Sotil como complemento y Johan Cruyff como alma eran definitivamente las piezas que Michels necesitaba. Pese a que en la Copa del Generalísimo no podían jugar extranjeros, el equipo aprovechó la inercia ganadora para alcanzar una final donde el Real Madrid vengó la goleada recibida en Liga con un 4-0 que impidió que el Barça cerrase el año con doblete de títulos, resultado sobre el que Michels fue tan franco como lo había sido en el Clásico su homólogo madridista: "Hemos merecido perder, el Madrid nos ha roto el ritmo en el centro del campo. El Madrid ha olido la victoria y la revancha y ha salido con una fuerza difícil de controlar".Si el año anterior fue Mas, este serían el centrocampista Carreño y el extremo Rusky los subidos de un Barcelona Atlético que con Aloy había promocionado por segundo año consecutivo, esta vez a Segunda. Asimismo, llegaría desde el descendido Castellón el atacante Manolo Clares, futbolista de patrón similar al de los Pérez o Barrios que firmaba una decena de goles por ejercicio, quien consiguió cinco en los siete partidos coperos y en las temporadas venideras sería clave por la ausencia y posterior forma física de

Sotil, el siguiente problema grave que tendría que solucionar un Michels que no pasaría ningún año en el Barça sin tener que adecuar las alineaciones a causa de las circunstancias.

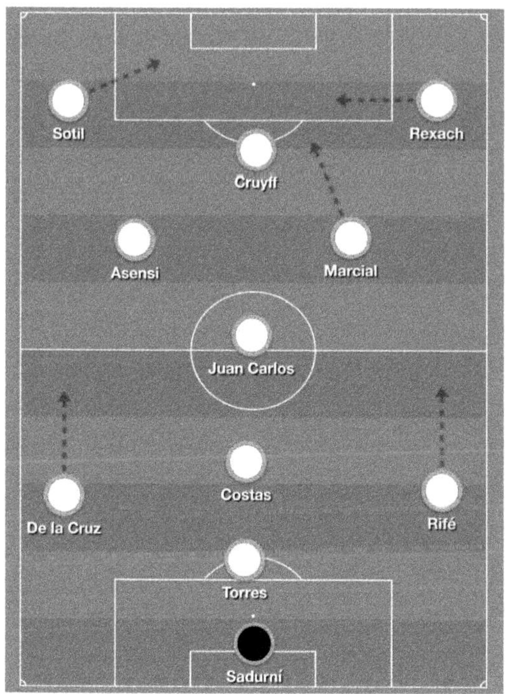


**Alineación tipo 73/74**

La gran labor de Michels ese año posibilitó que le llegase la oportunidad de dirigir a Holanda durante la Copa del Mundo que, en el verano de 1974, se jugaría en Alemania Occidental. La oferta temporal no implicaba rechazar su contrato con el Barça, y el técnico no dudó en aceptar, lo que le supuso viajes de ida y vuelta entre Alemania y España ya durante la Copa del Generalísimo, tiempo en que delegó los entrenos del equipo sobre Rodri. En la selección Michels volvería a encontrarse con muchos de sus pupilos del Ajax, a quienes sumaría futbolistas del Feyenoord u otros que jugaban en Bélgica para dar cuerpo a un equipo que, además de ganar a Bulgaria y Alemania Democrática y empatar con Suecia, pasaría por encima de Uruguay, Argentina y Brasil dando muestras de un ritmo de presión y combinaciones mucho

más alto que los sudamericanos y una voracidad ante la portería rival envidiable. Pese a perder la final contra los teutones locales, aquella selección sería bautizada como la Naranja Mecánica por su método y su funcionamiento preciso, y aquel Mundial es recordado como fecha del verdadero nacimiento del fútbol total, cumbre del fútbol moderno esbozado en los cincuenta y desarrollado en los sesenta y setenta. Con la fama bien ganada, el técnico holandés habría de volver pronto a un día a día que, tras la sublime Liga, se prometía igual de feliz que en los últimos meses, pero que poco después resultaría desesperanzador. Además del recuerdo y la gloria, del Mundial Michels regresaría con Johan Neeskens, fichado justo antes del inicio del torneo, y con la petición para la directiva de hacerse con los servicios de un Marinho Peres que, pese a la victoria holandesa 2-0 contra Brasil y las diferencias entre la defensa en línea con marca zonal brasileña y la escalonada de marcajes al hombre que él usaba, trataría de convertir en su nuevo Gallego. El capitán brasileño acabaría incorporándose en diciembre a la disciplina barcelonista, y tras sus primeros meses de titularidad a las órdenes del General, hablaría de la diferencia estratégica entre los equipos sudamericanos y los de Michels en unas declaraciones recogidas por Wilson en *La pirámide invertida:* "Los defensores en Brasil nunca pudieron empujar hacia delante de ese modo. Michels quería que los defensores centrales avanzásemos para adelantar la línea del *offside*. Toda la lógica de la trampa del *offside* tenía que ver con achicar la cancha. Esto era completamente nuevo para mí. En Brasil se pensaba que se podía picar la pelota y alguien podía atravesar la línea corriendo y así vencer el achique, pero eso no era posible porque el tiempo no alcanzaba, lo que Michels quería era que nosotros fuéramos a por el hombre con la pelota con los hombres que teníamos de más, así es como la trampa del *offside* se convertía en juego ofensivo. Si cuando obteníamos la pelota no podíamos generar situaciones de peligro, los defensores se retrasaban nuevamente, haciendo la cancha más grande. El espacio lo era todo". Si a Marinho le costó asimilar conceptos, un Neeskens de 22 años definido en la *RB* como "fenomenal peón de brega, creador y realizador", conocía de sobra el sistema de Michels y fue fijo curso tras curso en una posición de interior que le permitía ser el iniciador de la presión y asaltar el área desde segunda línea junto a Asensi, quien gracias a su entrega y valía en todas las facetas de juego se había convertido en indiscutible. En el centro del campo los perjudicados directos serían Marcial y un Juan Carlos que perdería minutos tanto en el puesto de interior como en su habitual demarcación de mediocentro, bien por el uso circunstancial del polivalente Johan II ahí o bien por el asentamiento definitivo en su mejor posición de Quique Costas. Pero la merma principal que sufriría el equipo con la llegada de Neeskens estaría relacionada con el ataque, ya que su fichaje supuso que el necesario Sotil se quedase sin ficha ese año dado su condición de extranjero, lo que el equipo sintió en el fútbol y en los resultados. El Cholo volvería al curso siguiente, una vez obtenida la doble nacionalidad, con la forma física habitual de un jugador sin actividad competitiva, algo que el propio Sotil avisó cuando dijo que era "propenso a engordar" si no jugaba, lo que le supuso problemas con el nuevo entrenador, Hennes Weisweiler, y más tarde con Michels, quienes le instaban a que ordenase su vida y recuperase el estado atlético para ser tenido en cuenta. Ya con la temporada 74/75 clausurada y el técnico holandés de regreso en el Ajax, Rinus recordó en una entrevista para Casanovas que los miembros de la directiva le habían mentido en lo referente a la situación de Sotil, ya que le "dijeron que -aun con Neeskens- podría jugar, pero luego ya ve lo que pasó. Era un peón importante para mí". En lo anotador, la vacante del peruano sería cubierta con dignidad por Clares, quien sin ofrecer la regularidad y las virtudes técnicas de Sotil haría diez goles en esa Liga, y el regreso de un Heredia que pudo nacionalizarse debido a que durante su estancia en Portugal había fijado la residencia en Barcelona, donde vivía su hermana. Si empezó enfadándose con el club por el tratamiento que le dispensaron en su vuelta de Oporto, un Heredia que para la *RB* dijo que "prefería jugar en punta, por el centro. Lo que mejor me va es arrancar hacia el arco desde atrás, fintar, esprintar y disparar o pasar la bola. Pero preferentemente por el centro. En el Oporto salía con el '7', pero en realidad era un ariete", jugó trece partidos entre todas las competiciones desde su estreno en febrero y solo hizo un gol ese curso, para acabar enfrentado con un Michels que,

comedido, apuntó para *Don Balón* que "con Heredia también surgieron problemas".

En la zaga, Migueli se haría indiscutible como central marcador y Torres empezaría titular como líbero por delante de un Gallego primer reserva, pero la aceptación del transfer de Marinho en diciembre lo relegaría al banquillo tras la derrota por 5-2 contra el Español de la novena jornada, que abriría una crisis de resultados ligueros de la que el Barça no sabría salir. Marinho se mostró eficaz en la salida de balón, que por momentos recordaba a la de Vasovic, y pese a que en las disputas aéreas no tenía demasiado que envidiar ni al serbio ni a Gallego, la lentitud de su juego, los riesgos que solía asumir en posesión y las dificultades para asimilar los mecanismos de recuperación del esférico descritos por él mismo hicieron que cometiese errores, entendidos por Michels como lógicos y asumibles dentro de una serie de acciones técnicas que, pese a la dificultad que podían entrañar para un defensa, en el global beneficiaban al juego del equipo, pero no aceptados por una afición barcelonista que guardaría mal recuerdo de su breve estancia en el club. Para *Don Balón*, Marinho referiría otro de los aspectos que, junto a la presión hacia delante, sufriría en su paso a Europa: "En Brasil se juega de otra forma, mucho más a la defensiva. El que ha marcado un gol tiene el partido ganado en un 90%. Aquí se marcan tres o cuatro goles normalmente. Para mí, se debe a que el marcaje por zonas es más seguro, pero en España se marca hombre a hombre". Como se aprecia, otra nueva cuestión de perspectivas, ya que donde Michels apuntase que en España se hacían pocos marcajes al hombre en relación a otras partes de Europa, un Marinho acostumbrado a la zona total veía demasiados marcajes individuales en su nuevo destino. Al año siguiente, la llegada de Weisweiller le haría cambiar nuevamente su manera de actuar, exigido a olvidar la salida con el balón controlado que tan bien se le daba y la presión hacia delante que tanto le costó mejorar, para pasar a jugar en un repliegue más seguro y tener que entregar el balón rápido a los centrocampistas o a los delanteros, aspecto que, como contó para *Don Balón*, tampoco casaba con su naturaleza *canarinha*: "A Weisweiller no le gusta el fútbol brasileño, le gustan los hombres que jueguen al primer toque. Yo jamás lo he hecho así. Trato de adaptarme, pero él solo ve mis defectos. El esquema del Barcelona ha cambiado, yo me esfuerzo, porque soy un profesional". Los problemas de adaptación al nuevo sistema del alemán acarrearían su regreso a Brasil a mitad de año por petición propia, pero hasta la marcha de Michels en el verano del 75 su participación en el Barça fue fundamental para que se alcanzasen las semifinales de la única Copa de Europa que el técnico neerlandés pudo disputar como barcelonista, torneo que con la deriva liguera se convertiría en la única esperanza para el campeón doméstico en curso.

En Liga, el principal artífice de que el Real Madrid volviese a dominar fue el técnico Miljan Miljanic, quien junto a otros como Boskov o Ivic había sido parte responsable de que la moderna y técnica Yugoslavia recibiese halagos de la crítica en el cambio de década, tras el segundo puesto en Italia ´68 y su buen juego hasta el reciente Mundial. En la transición de los Amancio y Velázquez, con Pirri y Breitner como jerarcas dando el físico en la medular, Del Bosque y Netzer liberados delante para que asistieran al naciente Santillana y al laborioso Roberto Martínez en el gol, el Madrid de Miljanic fue un ganador incontestable. Por ello, un Barça que había empezado la Liga tan bien como acabase la anterior no supo levantarse de la crisis de finales de 1974, resguardándose en la Copa de Europa. Tras ganar al Linz en primera ronda, derrotar al Feyenoord en la siguiente con un *hat-trick* de Rexach en el 3-0 de la vuelta, y dejar en la estacada al Atvidavergs sueco ya con Marinho como titular en cuartos de final, sería precisamente el Leeds de Revie frente al que Michels consiguiese su primer título quien apearía al Barça de la máxima competición europea de clubes, tras hacer bueno el 2-1 en Elland Road con un empate a uno en Barcelona, lo que impidió que Cruyff y Beckenbauer se volviesen a ver las caras en una final pocos meses después de la mundialista. Como muestra de su apuesta sincera por el fútbol de ataque, para la vuelta en el Camp Nou el holandés recurrió al 4-2-4, sistema muy usado en los partidos como local. Con una delantera azulgrana compuesta por Cruyff, Rexach, Clares y Heredia, aquella semifinal fue un brutal choque de estilos, lo que tuvo como resultado dos partidos magníficos sobre todo por el respeto que Revie y Michels tuvieron hacia sus propios sentimientos. Donde Rinus pretendía elaborar en el centro del campo, Don mandaba al capitán Bremner

a destruir el juego del Barça y a ocupar más campo que Neeskens; donde Michels trataba de que Cruyff bajase a sumar otro efectivo en las combinaciones por dentro o verticalizar ataques espesos, Revie ordenaba envíos directos que se saltasen la línea de creación barcelonista... Un Barça que se hundía en la Liga había apostado todo a Europa, y el fracaso llevó consigo primero rumores, y apenas un mes después, concretamente el 22 de mayo, la comunicación oficial de que, a instancias de la directiva, Michels no renovaría su contrato tras la conclusión de una temporada que dejó al Barça tercero en Liga y eliminado en segunda ronda de Copa por el Zaragoza, primer rival de la máxima categoría al que se enfrentó. Michels dijo que se había distanciado durante los últimos meses de un presidente "fácilmente influenciable", y que por ello vio normal que la directiva se negase a renovarle un contrato que él sí estaba dispuesto a prorrogar. Con solo una Liga en cuatro años, un Montal que parecía exhausto pretendía dar un golpe de efecto con la contratación para el banquillo de un técnico ganador, pero en pocos meses se demostraría que, tanto en lo deportivo como en lo ambiental, en el éxito suele ser más importante que el equipo esté adecuado a la propuesta que el propio nivel de los futbolistas que lo forman.

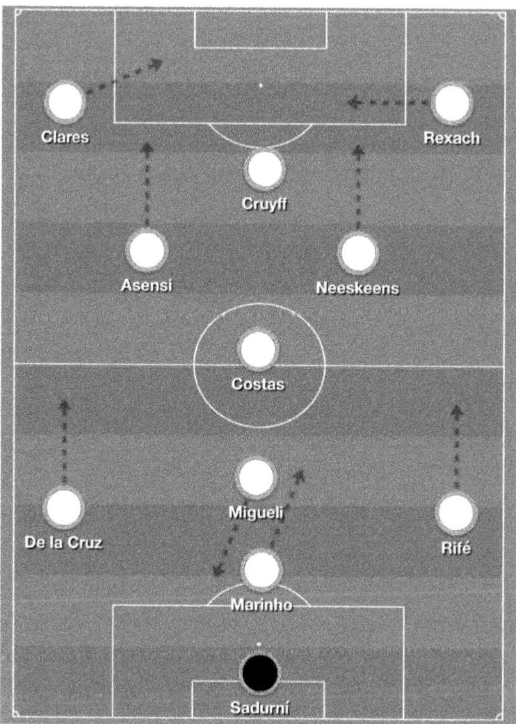


**Alineación temporada 74/75**

## UN RETORNO, EL TÍTULO DE COPA DEL REY Y DOS DESPEDIDAS

Desde que en 1954 la inesperada Alemania Federal de Sepp Herberger derrotase a la Hungría de Sebes en el llamado Milagro de Berna, el fútbol teutón no se apeó de la élite. A lo largo de sus tres décadas en el cargo, Herberger creó una *Mannschaft* con la entereza propia del carácter alemán, que ofrecía un fútbol grupal cuyos jugadores ni desfallecían ni despreciaban la creatividad que el técnico alimentaba con frases como "al fútbol se juega con los pies, pero es el cerebro quien debe mandar". El relevo de Sepp en la selección a mediados de los sesenta sería su ayudante Helmut Schön, quien daría la batuta a Beckenbauer, Overath y Netzer, futbolistas geniales que sumaban calidad con el balón

en el centro del campo, una de las principales mejoras modernas del nuevo técnico. A nivel de clubes, en los primeros compases de la década de 1970 un Udo Lattek que sería parte del Barça en los ochenta y Hennes Weisweiller rindieron en las competiciones europeas con el Bayern tricampeón de Europa y el Gladbach ganador de UEFA respectivamente. Los de Lattek tomarían el testigo de un Ajax sin Cruyff en 1973, y el equipo de Hennes levantaría del sillón de campeón UEFA al Feyenoord dirigido por Wiel Coerver poco después, tras ganar la final 74/75 al Twente en lo que podría considerarse un cambio de orden futbolístico entre ambas naciones a escala europea. En su libro *Franz. Jürgen. Pep.*, el periodista Axel Torres escribió certeramente que aquellos equipos alemanes de los setenta sabían "ejercer de dominador cuando se sentían superiores y de contragolpeador cuando no lo eran tanto". Con su desconfianza en Michels, Montal parecía dejar de creer en la escuela holandesa, y no encontró mejor cambio que el acaecido en Europa ese mismo año. Por ello aterrizó en el Barça el alemán Weisweiller con su fútbol moderno y contragolpeador, pero diferente en varias premisas determinantes al del holandés. Tanto el nuevo técnico como un Laureano Ruiz que se haría cargo del primer equipo tras el cese posterior del alemán, coincidieron en que la plantilla estaba descompensada y desgastada, por lo que se hubo de rejuvenecer el grupo más por obligación que por voluntad. A principios de 1976, Weisweiller empezaría a escribir artículos en la recién estrenada revista española *Don Balón*, y en uno de ellos apuntó lo siguiente sobre su fichaje, la restauración y el buen estado de su equipo hasta ese momento: "Cuando vine al Barcelona se esperaba, naturalmente, de mí éxitos. Pero también creo que a la directiva no le había pasado desapercibido que era casi obligado una revolución en la plantilla, contando sobre todo con el filial. Para esta segunda gran tarea me han venido a buscar. En Alemania me hice un nombre con la promoción de jóvenes valores. Tengo la impresión de que los jóvenes como Fortes, Mir, Corominas y Tomé están incorporados y forman con Cruyff, Marcial, Rexach, Asensi, De la Cruz y Costas un verdadero grupo social. Los dos grandes luchadores, Migueli y Neeskeens, son los elementos aglutinantes". En la última Copa Michels había hecho jugar a Macizo y nuevamente a Rusky, jóvenes que Wesweiller no mantuvo en plantilla. Pero en su lugar, el teutón contó con Mir, Fortes y el lateral izquierdo Corominas, quien le disputaría el puesto a De la Cruz y a un Albaladejo que, llegado el curso anterior en el traspaso de Barrios al Hércules, no había gozado de la confianza de Michels. De los dos extremos, quien mejor lo hizo fue un Paco Fortes de 20 años que adelantaría al nacionalizado Sotil, en aprovechamiento de unas cualidades que, a modo de conciso telegrama, se leen en la siguiente reseña de *Don Balón*: "Habilidoso, Buen regate, del que abusa. Conduce bien el balón con ambas piernas, que utiliza con facilidad. Bravucón. Sabe provocar faltas. Nulo con la cabeza. No es goleador". Tan cierto es que el alemán usó más canteranos que el primer Michels como que la única temporada que el ya renombrado Barcelona Atlètic pasó en Segunda fue la de la despedida de un General que, con el filial hundido, tuvo que usar en sus inicios a jugadores fichados de esa misma categoría. En cualquier caso, para que el ingreso de estos en las alineaciones fuese posible, Hennes no dudó en apartar del equipo a tres pesos pesados hasta la fecha: Sadurní con 34 años, Rifé con 33 y el zaguero Torres con 31, según el capitán, sin ningún motivo futbolístico para ello: "Este hombre lo primero que hizo fue mirar la lista de edades, y los que teníamos el tres en el casillero quedamos descartados". Unidas sus marginaciones a la marcha de un Gallego que dijo haber sido engañado por Montal, quien le prometió que seguiría y acabó traspasándolo al Sevilla poco menos que sin previo aviso, la plantilla quedaba sin ningún futbolista de edad avanzada. Aun con los jóvenes ingresados, la media del equipo titular rozaría los veintiocho años, pero más que la edad el problema real era el desequilibrio. Como expresó Laureano Ruiz, a quien ganar campeonato tras campeonato con los juveniles le catapultó al banquillo por delante de Rodri y le haría quedarse con el puesto de Aloy en el filial al año siguiente, "la plantilla estaba desequilibrada. Hay muchos jugadores para un puesto y pocos para otro. Cruyff ha tenido que jugar mucho como centrocampista porque en mitad del campo no había más que tres hombres en plantilla". Weisweiller subió defensas y delanteros, y en vista de esa carencia en la medular sería Laureano quien promocionase al que resultaría ser el mejor canterano de todos ellos, un Tente Sánchez que a sus 20 años aún actuaba

como volante, antes de retrasar su posición al lateral derecho ya avanzada su dilatada carrera.

Los de Weisweiller empezaron bien el curso, a las victorias en el Gamper contra el Újpest húngaro y el Feyenoord siguieron cuatro en los primeros cinco partidos de Liga y la eliminación del PAOK en la primera ronda de Copa de la UEFA, tras remontar en el Camp Nou con un 6-1 la derrota por la mínima recibida en Grecia. Antes de perder por tres goles a cero en el Calderón a mediados de octubre, José María Casanovas escribiría la siguiente comparativa entre el nuevo Barça y el de los últimos meses de Michels: "El juego lento y horizontal de la pasada campaña se ha convertido en un fútbol de claro matiz ofensivo. La mano del técnico se nota mucho. Marcial como líbero ha sido una confirmación plena, todo un acierto. Cruyff, jugando en el centro del campo y pisando el área cuando la acción lo requiere ha vuelto a ser el as indiscutible y en la punta, Sotil ha completado este triángulo mágico en torno al que gira el equipo". Se las prometían felices en Barcelona, pero las nulas cifras goleadoras y el bajón físico de Sotil, los problemas habituales con Rexach y la desaparición de Marcial del recién estrenado puesto de líbero porque, para Weisweiller, le faltaba tanta dureza como a Marinho rapidez de ejecución generaron controversia en el conjunto, que poco a poco perdió intensidad. Aun con ello, hasta la jornada 21 de Liga el Barça solo habría perdido cinco partidos y empatado cuatro, por lo que peleaba el liderato. Casanovas escribió que "jugando en el centro del campo, Cruyff ha vuelto a ser el as indiscutible", y sería precisamente en esa zona centro que apuntase Laureano Ruiz como la más débil y en el papel de Johan en ella donde se ocasionaría el desastre ese año, un enfrentamiento entre el holandés y Weisweiller que acabaría con el despido de este tras la derrota contra el Liverpool en la ida de las semifinales de Copa de la UEFA. Sucedía que la decisión de que Cruyff jugase retrasado no fue del entrenador, sino que el futbolista era quien la adquiría en el transcurso de los partidos, contraviniendo las indicaciones que daba Weisweiller. La tendencia natural de Johan era jugar libre, bajar a ordenar el juego, lanzar los ataques y aparecer en el área por sorpresa, pero en el sistema de repliegue y poca elaboración en mitad de campo del alemán esta función no tenía razón de ser, como explicó el propio entrenador en un resumen de su mecanismo: "Le he dicho una y mil veces que debe jugar en punta, abriendo brecha y pisando área a la menor oportunidad. El holandés prefiere moverse en el centro del campo. Cruyff, sobre todo en los desplazamientos, tiene que jugar como ariete. Hoy día es importante jugar al contraataque, ya que todos los países saben organizar muy bien el sistema defensivo. En España, la oportunidad para jugar al contragolpe se pierde con demasiada frecuencia. Los defensas quieren demostrar también que son buenos jugadores. Por dicho motivo, se conceden demasiado tiempo con el balón, en lugar de pasarlo rápidamente y con seguridad a la mitad contraria del terreno. El contraataque rápido debe comenzar en el propio portero, pero este también retiene demasiado tiempo el balón, tal vez para disfrutar de la forma brillante en que antes lo ha atajado. En el juego de ataque, al juego de conjunto y al individual debe dársele el mismo valor. Aquí es un buen ejemplo el extremo Fortes. Fortes es seguramente un driblador con fuertes características para el individualismo, pero para mí no exagera el *dribling*, como algunos creen, porque él siempre mantiene ante su vista la portería contraria. Así pues, resumiendo, menos individualismo en el centro del campo propio y más en el área de castigo contraria". Más allá de ser una abstracción, en el texto de Weisweiller se aprecia un repaso a los defectos que, para él, se veían en las lecturas del juego de determinados jugadores de su propio Barça, de ahí que no se decidiese entre Mora y el reciente fichaje Pedro Artola para la portería, que prescindiese de un Marinho que retenía el balón o que criticase el individualismo de Cruyff en el centro del campo y su mala ubicación en relación al sistema de contragolpe propuesto. Para la segunda mitad de curso, la sustitución de Cruyff en el partido contra el Sevilla perdido por 2-0 en febrero del 76 hizo explotar en el crack la dinamita de la vanidad, con un Johan que amenazó con no renovar su contrato, que expiraba en verano: "No me gusta el sistema de juego que practica el equipo. Los dos primeros años estuve muy bien en el club. Lo que sucede es que la situación ha cambiado. Hablaré en el mes de abril, cuando decida lo que hago. Tengo algo contra alguien". En principio Montal estuvo de parte de Weisweiller, quien aprovechó la coyuntura para confirmar tener apalabrado

el fichaje de Beckenbauer como sustituto de Cruyff, tratando de sofocar con su apoyo al técnico el motín del vestuario al que se unían un Neeskens que dijo que si Cruyff no jugaba él tampoco o Marcial y Rexach, quienes aprovecharon para culpar al entrenador del incendio del grupo con sus constantes declaraciones negativas a la prensa, exigiendo que las correcciones las dijera en privado. A este último argumento se agarraría el presidente para cambiar de parecer. Desdiciéndose de su sentencioso "acto de indisciplina" sobre las palabras de Cruyff, Montal se posicionó finalmente de parte de este, viéndose llevado a ello tras una manifestación organizada por catorce peñas barcelonistas de la región, alrededor de dos mil personas reunidas en la puerta de las oficinas barcelonistas para proferir gritos como "Montal, dimite, el Barça no te admite", a favor de la marcha de Weisweiller y quien estuviese de su parte. Tras este suceso, el presidente dijo que "si la afición quiere a Cruyff, yo también. Pienso que en dos meses las aguas volverán a su cauce", y aprovechando la derrota contra Las Palmas de la jornada 28 de Liga y la europea contra los comandados por Kevin Keegan en la última semana de marzo, despidió al técnico y atendió al regreso de Michels que Cruyff pretendía con ese sutil "los dos primeros años estuve muy bien". En un artículo para *Don Balón* que sirvió como cierre a su fugaz etapa en el Barça, el alemán contó determinados detalles de su despido: "Montal sabía muy bien que Cruyff y yo éramos incompatibles y que no podíamos seguir la próxima temporada juntos. Yo le di un informe del jugador holandés. En el mismo momento en que me enteré de que el deseo de Montal era renovar a Cruyff, me di cuenta que sobraba. Por supuesto que reconozco que tuve algunos errores, pero la verdad es que me encontré con una plantilla con la que no podía aspirar a mucho. La media de edad es para preocupar a cualquiera".

Antes de su vuelta al ahora llamado Fútbol Club Barcelona tras solo una campaña ausente, Michels había dicho estar de paso en el Ajax, donde "todo lo que tenía que hacer ya lo hice. Ahora estoy aquí porque el club me necesitaba, estaba libre y no podía negarme", y tener un contrato que podía romperse solo con que él lo avisase con dos meses de antelación. Si con la consecución de la Liga y el segundo puesto en el Mundial dos años antes

Michels estuvo en la cresta de la ola, tras el derrumbe de su último Barça y el posterior de un Ajax que consiguiese sacar del pozo a su llegada, las dudas del entorno sobre el General y las acusaciones de que solo había regresado gracias a la exigencia de su amigo Johan Cruyff serían incesantes. El centrocampista holandés Gerry Mühren, que ese año también llegaría a la Liga desde el Ajax para jugar en el Betis, tenía claro quién era el mejor entrenador del mundo: "Siempre he sido admirador de Michels. Le he conocido en sus años más brillantes y me di cuenta que era extraordinario como entrenador; es algo de lo que sigo tan convencido hoy día como entonces. No hay mejor entrenador que él en todo el mundo, diga lo que diga la gente". Después de haber admitido que Cruyff colaboró en su fichaje, Michels explicó para *Don Balón* cómo había pasado de estar molesto con un Montal que "no jugó limpio" a haberlo solucionado de manera responsable e interesada solo unos meses después: "Iré a Barcelona dispuesto a terminar mi trabajo. Me fui en unos momentos difíciles. Cuando un entrenador en un club de campanillas no consigue resultados, no tiene otra opción. Por otro lado, por culpa de mi carácter, me había distanciado mucho de Montal, en los últimos meses caminábamos por senderos distintos. No me sorprendió que no me renovara, esa es la verdad. Vuelvo porque la idea de reanudar el trabajo que dejé sin finalizar me entusiasma. Todo el problema existente hace un año se ha borrado tras una larga conversación con Montal en la que nos sinceramos y nos dimos cuenta que coordinamos en nuestro modo de ver el fútbol. Me consta que Cruyff habló de mí y que yo también entraba en los planes de la directiva. Por supuesto, el dinero es muy importante". Antes de que el holandés tomase las riendas de la nueva plantilla, el breve Barça de Laureano Ruiz sería eliminado en la vuelta de las semis de Copa de la UEFA con el 1-1 del Camp Nou, concluiría la Liga segundo a cinco puntos del Real Madrid campeón y sería vencido por el Atleti de Aragonés en cuartos de final de una Copa del Generalísimo en la que aún seguían sin poder participar los extranjeros. En lo individual, el paso de Laureano por la primera plantilla dejó la recuperación temporal de Rifé, quien para 1976 colgaría las botas y sustituiría a Rodri en el puesto de ayudante, el

uso de un Heredia que también tuvo problemas con el entrenador alemán y la titularidad de Tente Sánchez.

Pese al fiasco de su última campaña, cuando Michels se marchó había logrado formar un bloque uniforme gracias a dar continuidad a su idea de juego y a la mayoría de los futbolistas durante varios años. En su vuelta habría de enfrentarse a la veteranía de sus principales figuras y al acoplamiento en el sistema de unos jóvenes a los que no había dirigido, dos aspectos titánicos difíciles de superar tratándose de la formación de sus equipos. Sobre lo segundo, Michels se refirió en *Don Balón* a la labor de promoción llevada a cabo por Weisweiller, tan beneficiosa para el futuro de la entidad como peligrosa para el entrenador de un club que, asfixiado por las "urgencias históricas", exigía títulos inmediatos: "Weisweiller es un buen entrenador, eso está comprobado. Por otra parte, creo que se dedicó a rejuvenecer extraordinariamente el equipo, lo cual no discuto que sea bueno o malo, pero conociendo el Barcelona, pienso que es peligroso, porque el Barcelona no es el Bilbao o la Real. Aquí se exige cada año luchar por el título y no es fácil hacerlo con tres o cuatro jóvenes usados de repente". Si el ingreso de Tente Sánchez restaría minutos a Costas, con los fichajes de Ramos, defensa de 25 años procedente del Español que sería elegido por los entrenadores a final de curso como mejor lateral derecho de la Liga, y del joven de origen uruguayo Amarillo, llegado de las filas de un Valladolid en Segunda para ocupar el lateral izquierdo, serían Corominas y De la Cruz los afectados. Con su retorno al filial, Corominas aseguro que Michels no podía siquiera juzgarlo porque no había entrenado con él un solo día, y a sus 29 años De la Cruz esperaría en el banquillo hasta bien entrada la temporada, cuando en plena mala racha se dijese que Amarillo era un defensa débil y dejase de entrar en los planes del técnico. Otro joven de la era Weisweiller que marchó, en este caso de manera temporal para jugar en el Málaga, fue Paco Fortes, atacante a quien el holandés dijo seguir en su anterior etapa y haber recomendado a Aloy y Rodri que "trabajasen acerca de su genio, ya que es un gran jugador que lo pierden los nervios". Lejos de parecer una purga de canteranos, a la progresiva pero estable entrada de Sánchez en el puesto de volante se unía la titularidad de Mora hasta su sustitución por Artola cuando el equipo empezó a torcerse, los muchos minutos de Macizo, los menos de Mir y la confianza para el puesto de líbero en un Olmo que, como Sánchez y Mir, había sido parte importante de la selección española juvenil que Kubala se llevó a los JJOO de Montreal ´76. Sobre los tres olímpicos que ese año formarían parte de las alineaciones del Barça, Kubala tuvo palabras elogiosas: "Mir tiene velocidad, técnica e inteligencia", "Sánchez es resistente, muy disciplinado y de los más inteligentes que ha salido del Barcelona", y "Olmo ha destacado en Tercera y Segunda, y va siendo hora de que juegue en Primera. Juega bien con las dos piernas y la cabeza, es valiente y temperamental. Debe progresar en velocidad". Pese a que no llegarían a la compenetración entre Gallego y Torres, la entrada de Olmo coincidiría con el mejor estado de forma de Migueli, por lo que formarían una pareja fiable hasta que la lesión de Tarzán en los cuarto de Copa de la UEFA lo privase del último tirón de temporada, con su equipo jugándose la Liga.

Todos esos jóvenes tendrían su protagonismo a medida que avanzase un año que, en lo oficial, empezó con el Barça en franquicia, empujado por el sobresaliente nivel de un Cruyff a quien su mentor supo respetar los 29 años que cumplía, con un estudio acorde a sus posibles prestaciones: "Tiene que jugar en el centro del campo, lanzándose al área contraria por la izquierda, prodigando su peligroso centro con efecto, si Johan siguiera jugando en punta como en sus primeros años hoy estaría retirado, roto. Cruyff es el director del equipo, tiene mando sobre el terreno de juego y poder de inspiración". Como todos los años, Michels se cansaría de pedir un goleador de primer orden, y como cada una de las temporadas excepto en la que consiguió la Liga, no sería fichado ninguno. Si en mercados anteriores el abanico de delanteros había sido amplio, en la presente Michels sería más concreto y exigiría la contratación de Quini, reciente máximo goleador por segundo año consecutivo, esta vez en Segunda, pero el Sporting no lo dejaría salir, ejerciendo su derecho de retención. Quini explicó que no se trataba de una traición al club que amaba, y suplicó que le permitiesen marchar al Barça atendiendo a la mejora económica y profesional que suponía, toda vez que paralelamente Michels intentaba hacer presión tanto a la directiva azulgrana como al club vendedor con entrevistas públicas como la siguiente concedida

a Hernaiz: "El Barcelona necesita un goleador. Es lo primero que pedí. Quini es el hombre idóneo, porque tiene regularidad en el gol, Cruyff y Marcial marcaron goles una temporada, pero luego no. Sin Quini, habrá que luchar igualmente por el título, pero de otra forma, menos espectacularmente, más a cara de perro, y todo será más complicado. Si Quini fallara, el otro nombre sería Aitor Aguirre". A Michels le tocaría luchar "a cara de perro", ya que como acompañantes de Cruyff en la delantera seguirían Rexach, Clares, Heredia y Sotil, amén del canterano Mir. El siempre criticado Manolo Clares adelantaría a Sotil, a quien Michels intentó recuperar pero sobre cuyo estado, tras varios partidos de bajo rendimiento, tuvo que admitir que parecía irreversible: "Para mí, el fútbol lo juegan profesionales, y el profesional lo es tanto en el campo como fuera, porque todo va unido. Ser profesional exige muchos sacrificios, en los entrenamientos y en la vida personal. En Sotil admito grandes cualidades, y admito también que tuvo unas circunstancias malas para él, quizá sin su culpa, pero esa no es razón para que se deje ir". El Cholo regresaría a su país a mitad de curso, pero quien sí tuvo relativa continuidad en el ataque entre la temporada anterior y esta sería Heredia, titular en catorce citas y con seis goles en su casillero, sus mejores cifras como barcelonista. Para inicios de 1977 los de Michels habrían ganado al Sparta de Praga y al Eintracht de Frankfurt en el trofeo Joan Gamper, estrenado la Liga con un 4-0 a Las Palmas y cosechado diez victorias, tres empates y tres derrotas hasta enero, posicionándose como campeones de invierno. En el camino de Copa de la UEFA quedaron el Os Belenenses, el Lokeren y los suecos del Öster, y en los medios de comunicación se leían reseñas sobre el buen juego como la siguiente publicada en *Don Balón*: "La fuerza del Barcelona en esta primera parte de la Liga ha estribado en el gran momento de forma de Johan Cruyff, jugando y haciendo jugar al equipo; la presencia importante de Neeskens en el centro del campo, tanto en labores ofensivas como defensivas; el poder rematador de un Clares revelado como gran ariete realizador, y que ha logrado entenderse muy bien con el juego ofensivo de los dos holandeses y compenetrarse con él. La defensa, con la presencia de su líder, Migueli, y de dos laterales que van a más, Ramos y Amarillo, ha cumplido correctamente. Por último, la táctica de Michels cuenta, y mucho, en la actual racha de triunfos. El Barcelona juega más al ataque que el año pasado con Weisweiller. Este es un hecho cierto y manifestado por los propios jugadores".

Superado el trauma de la necesidad de un delantero goleador con Clares como Pichichi temporal, el navío parecía ir a barlovento, pero por tercera vez desde que era dirigido por Michels, el conjunto barcelonista tendría un punto crítico que lo desestabilizaría. El 6 de febrero de 1977, en el partido contra el Málaga en el Camp Nou finalizado con victoria local por dos goles a uno, Johan Cruyff fue expulsado por el, a la sazón, poco conocido árbitro Melero Guaza, tras discutirle el holandés varias malas decisiones y acabar insultándole, lo que desencadenó las protestas y el salto al césped de unos pocos aficionados al finalizar el encuentro, espontáneos que agredieron al colegiado. Las imágenes de los agentes de policía poniendo fin al incidente pasaron a la historia, y para la siguiente Liga se colocarían vallas entre el público y el terreno de juego. Pero en lo futbolístico, la sanción de tres partidos impuesta a Cruyff fue la verdadera tragedia de aquel Barça, que durante la ausencia de la estrella perdería dos y empataría el otro, racha negativa que se alargaría cinco jornadas más sin conocer la victoria y dejaría a los de Michels eliminados de la UEFA a manos del Athletic de Bilbao y con pocas posibilidades en la Liga. Si en relación a los jóvenes Michels continuó la labor de promoción y el uso tanto de los canteranos como de los fichajes nacientes, para cerrar esa inflexión negativa que se inició con la sanción de Cruyff serían los dos veteranos de mayor solera en la plantilla quienes tendrían un papel protagonista. Justo antes de su retorno, Michels dijo que el problema con un Rexach que cumpliría 29 años era que "tiene tanto fútbol dentro que uno espera que lo saque siempre, pero no lo hace. Y es que, por otro lado, como es tan bueno no se le puede dejar en el banquillo. Es un caso conflictivo", y ese curso sería el primero que se sentiría suplente, ya que entre sus problemas físicos y sus disputas con el míster partiría de inicio solo en once partidos de Liga, en los que no logró ver portería. Y si a Rexach no le fue bien, a un Marcial un año mayor que él la cosa le iría peor, ya que sin las profundas raíces en el club que permitiesen a Carles mantenerse en la plantilla, acabaría el curso con la carta de libertad y fichando por el Atlético de Madrid a

la semana siguiente. Edades aparte, fue un suceso concreto lo que acabó con ambos futbolistas apartados del equipo en el último tercio de temporada, una salida nocturna de Neeskens, Rexach y Marcial tras la derrota en Burgos de la jornada 27 que acabó en escándalo público, situación explicada por el técnico del siguiente modo: "Yo encuentro normal que no se tenga sueño y que se quieren tomar unas copas, pero eso debe hacerse en la intimidad, por respeto al socio que está hundido por la derrota. Los que tuvieron sentido común se bajaron a la "boîte" del hotel Barajas de Madrid, y los que no lo tuvieron se fueron y armaron un escándalo. Eso parecía una provocación hacia mí. El socio dirá: mira este Michels, pierde y aún les deja ir a copetear por ahí. Yo no soy ningún dictador, y mi equipo no necesita ni policías ni guardias civiles para mantener el orden, porque si hay sentido común yo soy muy permisivo". Tras esa noche, Rexach fue denunciado por agredir a los fotógrafos que pretendían captar imágenes, el club multó a todos ellos y Michels impuso una sanción disciplinaria a los dos españoles, quienes, al margen del grupo, no tardarían en decir que había un clan holandés que discriminaba a ciertos jugadores y favorecía a otros, y que "si continúa Michels en el club, nos pueden dar la baja". Lo cierto es que antes de la derrota en El Plantío los de Michels parecían haber tirado media Liga desde los incidentes entre Cruyff y Melero, pero lograron sobreponerse a ambas circunstancias y a las lesiones de Migueli, Heredia y Asensi para llegar a las últimas cuatro fechas disputándole el campeonato al Atlético de Madrid. Dos empates en el mes de mayo lo apartaron del objetivo y el año acabó con un segundo puesto que no servía de nada. Como clausura, en una Copa del Rey que estrenaba denominación el Barça no pasó de primera ronda, apeado por un Celta que descendería esa temporada. Ante la nueva decepción, un Montal de quien Cruyff dijo verlo "desgastado" y mucho menos jovial que cuando él llegó al club, trató de sacar el lado positivo: "la noche contra el Celta (...) se alinearon seis jugadores que han salido del Barcelona Atlético; se dice mucho que se quiere a la cantera, pero en el momento en que salen y luchan, pero no obtienen resultado, ya nos los cargamos a todos. O se sigue una política u otra". Los canteranos Paco Martínez y Botella ficharían para la Copa, competición donde el segundo jugaría los dos partidos, antes de pasar por el quirófano y perderse el siguiente ejercicio liguero. Pero el Barça Atlètic de Laureano Ruiz habría descendiendo otra vez a Tercera, lo que no impediría que, del último año en la categoría de plata, Michels acabase quedándose en la plantilla a un Vilà que dispondría de minutos al final de la temporada 1977/78, última del técnico holandés en la dirección del Barça

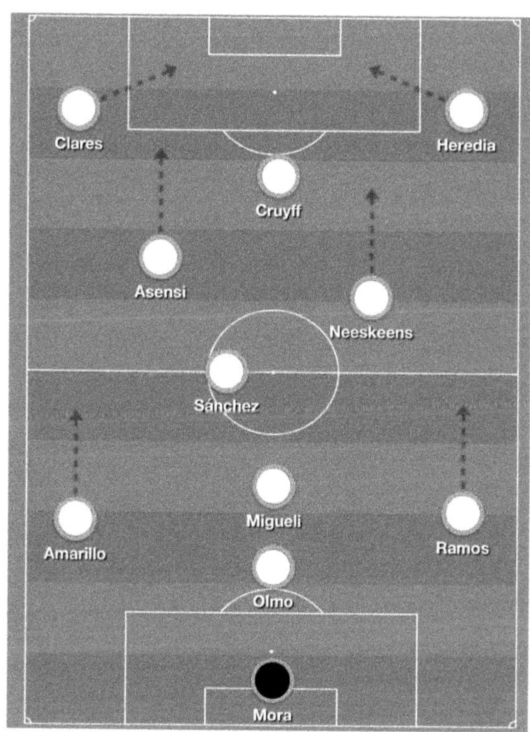


**Alineación 76/77**

El convulso desenlace de campaña dejó al Barça sin Marcial, sobre cuyo caso el presidente aseguró que la carta de libertad se debía a "informes técnicos y médicos que lo aconsejaron" y el jugador contestó que estaba "más sano que una manzana". El mandato de Montal expiraba en diciembre del 77, y antes de cumplir su palabra de no presentarse a las elecciones llegaron las renovaciones de Michels y un Cruyff que aseveró que también sería su último año como profesional, aunque luego no fue así.

Dado el montante económico y la ausencia de títulos, la extensión de ambos contratos fue controvertida, pero no más que la de un Rexach que seguiría en el club en gran medida gracias a la intervención del vicepresidente Raimond Carrasco, quien antes de la firma consideró su continuidad un deber para el club: "Rexach es necesario para el Barça, y a nadie le duele más la mala situación que a nosotros, porque Rexach, repito, debe continuar". El canterano siguió en un ataque que, ya sin Sotil y Marcial desde la planificación estival, necesitaba aún más el ansiado goleador, lo que por enésima vez haría a Michels repetir la manida exigencia sobre que el fichaje de "un ariete es vital en un equipo que aspira a la Liga, como lo son un buen portero y un buen central". Una situación de alarma ofensiva que *a priori* no se daría en los otros aspirantes al campeonato, repasados así por la redacción de *Don Balón*: "La obsesión de Rinus Michels, desde que dirige al Barcelona, es contar con un ariete de garantía, como lo tiene el Atlético (con Rubén Cano, antes Gárate), el Real Madrid (Santillana, Jensen o incluso Roberto Martínez) y el Valencia (Diarte y Kempes). El Barcelona se defendió la temporada última con Clares, que por cierto estuvo a punto de quedar máximo goleador, lo cual es una prueba evidente de la cantidad de ocasiones creadas por Cruyff y sus satélites del centro del campo. Que el Barcelona domina esa zona ancha es verdad. Pero que flojea a la hora del remate es otro axioma también irrefutable". Ese curso los principales nombres para el puesto fueron el propio Lobo Diarte, quien atesoraba una media de quince goles por temporada en los tres últimos años en la Liga, y un Morete cuyas cifras anotadoras, siempre por encima de la decena, habían permitido a la UD Las Palmas quedar cuarta en la Liga finalizada y la ayudarían a ser finalista de Copa en la que daba comienzo para 1977.

Por supuesto, al Barça no llegó ningún ariete. Para sorpresa de los seguidores, Michels decidió descartar a Clares en pretemporada, no convocándolo para un partido contra el Hamburgo en Alemania donde, para colmo de males, el Barça recibió un contundente 6-0 y Cruyff se lesionó de gravedad por primera vez en su carrera, lo que le acarreó el quirófano y lo alejó del equipo por espacio de dos meses. El puesto de Clares en el ataque habría de ser ocupado por Heredia, el retornado Fortes, un Esteban Vigo de

21 años que tendría que hacer la mili en Zaragoza o el argentino nacionalizado Zuviría, quien a sus 25 años venía de conseguir su mejor marca goleador en el Racing de Santander, con trece tantos. Las prestaciones que se esperaban de los dos fichajes para el ataque fueron resumidas así en *Don Balón*: "Zuviría es un guerrero con la técnica sudamericana, el temperamento latino, luchador, valiente, tenaz y con cierta habilidad rematadora, lo que le hace ser un notable delantero. Incuestionablemente, él y Esteban son los únicos "11" ortodoxos (...) Zuviría, quizá sin pretenderlo, intentará difuminar la leyenda de Zoltan Czibor". Aun con cifras respetables y buenas cualidades de hombres de banda, ninguno de los incorporados pasaba por ser un verdadero ala goleador, que era todo lo que pedía Michels, como se ha explicado en este texto y la misma redacción de dicha revista supo considerar al escribir que "en las ideas técnicas de Rinus Michels, la utilización de extremos ortodoxos nunca ha tenido un lugar preferente. Más que un hombre que corra la línea y centre templado y al segundo palo, al técnico holandés le gustan los jugadores versátiles, que persigan a su defensa cuando sea menester y que sepan bascular por el centro, enfilando la puerta de frente o en diagonal". El apodado Torito sería titular en la banda izquierda del ataque, pero sus seis goles en Liga se sumarían a los pobres números de cara a la portería rival del resto de atacantes para confirmar las sensaciones que, en pretemporada, Asensi expresó con crudeza tras los malos resultados de la gira por Europa: "Veo el rendimiento del equipo por debajo de lo que todos esperábamos. Pienso que si el Barcelona no se refuerza en alguna línea es imposible que podamos ser campeones de Liga. Juanjo, Zuviría y Esteban son tres grandes jugadores, pero las lagunas del Barcelona son mayores. Creo que habré de multiplicarme para cumplir la misión de pulmón y cerebro". Sumando las dos nuevas lesiones del Milonguita Heredia que lo mantendrían en el dique seco alrededor de tres meses, el técnico hubo de hacer encaje de bolillo en la delantera. En relación a ese portero "vital para un equipo" citado por Michels, desde que Reina y Sadurní dejasen la plantilla el entrenador tuvo constantes vacilaciones, por lo que si en 1974 había llegado de Lanús un Oswaldo Santos que no pasó del filial, este verano estuvo muy cerca de aterrizar Fenoy. Por

fortuna, la definitiva titularidad de Artola disipó la duda a mitad de año, cuando Pedro se erigiese como uno de los jugadores más destacados del equipo, labor que, aun con la fractura de costilla en el Clásico de la segunda vuelta que supuso la entrada de Mora, le permitiría alzar el trofeo Zamora una vez concluida la Liga.

Las solicitudes de Asensi y Michels en materia de incorporaciones no fueron atendidas por la directiva, pero las pesimistas previsiones del incombustible interior sufrirían un revés temprano. Aun con la lesión de un Johan que Michels supuso que quebraba un equipo donde "Cruyff es el 50%, porque cuando él no está solo nos queda una jugador de talla internacional: Neeskens", el Barça acabaría la pretemporada como campeón del Costa del Sol y el Joan Gamper, dando muestras de un juego más pragmático que brillante que fue resumido así por el periodista Antonio Hernaez en *El País*: "El nuevo esquema, sin Cruyff, se basa en la garra y la fuerza. Diez luchadores que marcan con firmeza, corren, pasan el balón al primer toque y entran con velocidad en el área. Los hombres clave son Migueli, Olmo y De la Cruz atrás, Neeskens y Asensi en el centro del campo, y Heredia en la delantera. El actual capitán es Asensi, y también el teórico distribuidor de juego en sustitución de Cruyff. En resumen, las virtudes de un equipo modesto, pero esta vez desarrollado por futbolistas (en algunos casos) de categoría internacional". El regreso de Cruyff no trastocó los planes, sino que mejoró un equipo que tras barrer al Steaua de Bucarest en la primera ronda de Copa de la UEFA con un global de 8-2, consiguió tres victorias y dos empates en Liga. Hasta marzo del 78 el equipo se mantendría en los puestos altos de la clasificación y superaría rondas europeas, pero las cifras goleadoras seguían inestables y Michels no se olvidaba del ariete. Recomendado por Cruyff tras un enfrentamiento contra el Tarrasa en pretemporada donde quedó sorprendido con su actuación, el fichaje de un delantero centro se personificaría en el brasileño Bio, firmado por la entidad en enero pero que no podría debutar hasta marzo por problemas en su matrimonio y la nacionalización. Bio era un espigado atacante, móvil, de buena técnica y facilidad para el gol, como mostraban los 14 goles conseguidos en la categoría de plata al momento de su marcha, pero seguía tratándose de un futbolista de segundo nivel que no colmaba las peticiones de Michels, quien lo usaría poco tras asegurar que "le falta preparación física y acoplamiento. Nadie va a imponerme a un jugador". En marzo, tras eliminar al Aston Villa en cuartos de final de Copa de la UEFA, el Barça sería parte de *El equipo del año*, lista que recogía a los diez mejores conjuntos a nivel europeo y que encabezaba el PSV Eindhoven dirigido por el futuro seleccionador holandés Kees Rijvers y liderado por los hermanos Van de Kerkhof, protagonistas meses después en el Mundial de Argentina ´78, donde la Holanda de Happel alcanzó la final. Según los redactores de *Don Balón*, el responsable de que los entrenadores considerasen al Barça entre los destacados estaba claro: "Para los técnicos, Rinus Michels es la primera figura del actual Barcelona. Ha sabido conjuntar un once sólido, sin fisuras, que se defiende con un orden admirable y que rinde a tope físicamente. Aunque le falta mordiente arriba". La solidez de un equipo que a esas alturas solo había perdido cinco partidos en veintiséis fechas ligueras era un hecho irrefutable, pero Michels se mostró menos eufórico que la crítica en lo referente al juego. Yendo al fondo del asunto, aseguró que solo "el PSV hace el fútbol total. Allí no hay líneas, sino conjunto en la más amplia acepción de la palabra. El Barcelona se defiende muy bien fuera y juega un buen juego colectivo en casa". Aun posicionado en segundo lugar de la clasificación doméstica y clasificado sin apuros para las semifinales de UEFA, el neerlandés nunca perdía de vista una realidad futbolística que, en su opinión, estaba más cerca de ser milagrosa que notable, debiéndose la incertidumbre constante en gran medida a la ausencia de un goleador y a la plaga de lesiones, principal lastre de su último año en el banquillo barcelonista. "Lo que hemos pasado no es normal. He llegado a tener hasta doce jugadores inútiles a veinticuatro horas de un partido. Y algunos han jugado mermados de facultades o con fiebre. Y no hablo de Cruyff, que siempre tiene una cosa u otra, sino de Migueli, Zuviría, Ramos, Asensi. Y la mayoría son en el centro del campo: Neeskens, Sánchez, Costas, luego se lesionó Olmo. Heredia lo ha estado durante casi todo el año, Ramos también con problemas en las vértebras y Zuviría ha jugado con una fuerte contusión costal. Por otra parte. Vamos hacia un objetivo que, de conseguirlo, sería inconcebible. Un goleador en un club que quiere ser campeón es

imprescindible, y nuestro máximo goleador es Asensi, que lleva ocho goles. Sin ese ariete estamos todo el año y, sin embargo, lo tenemos todo al alcance", sentenciaría. El fino hilo del que parecía pender la vida del equipo se rompería en el cambio de mes entre marzo y abril, con el PSV temido por Michels y el Real Madrid de un Molowny que le privase del doblete en la 73/74 como protagonistas de la última tragedia del General en el Barça.

**Alineación tipo 77/78**

El 26 de marzo los azulgranas perderían por dos goles a uno frente el Sevilla en Liga, y al 3-0 en contra con el que regresaron del Phillip Stadium en Europa se unirían un empate contra el Español de Heriberto Herrera en el derbi y la clara derrota contra el Madrid en el Clásico, jugado el 5 de abril. En la vuelta de semifinales de UEFA el Barça ganó 3-1 y, como pasase en la temporada 75/76, estuvo cerca de alcanzar una final Europea, esta vez con un Cruyff estelar cuyo partido fue destacado en la prensa de Holanda como

"magistral, lo hizo todo para ganar, pero la fortuna no acompañó al equipo. Cruyff estuvo a punto de destronar al PSV". Eliminado en Europa y con la Liga prácticamente en poder del Real Madrid a cuatro fechas del final, el Barça llegó al ecuador de 1978 obligado a ganar la Copa, competición que desde esa misma temporada se disputaba entre enero y abril y podían jugar los extranjeros. En la cuneta de la segunda competición española quedaron el Getafe, el Alavés y la Real Sociedad, y la final alcanzada por los culés se disputaría el 19 de abril de 1978, con el Santiago Bernabéu como escenario y una UD Las Palmas con el deseado Morete en punta y el viejo conocido Miguel Muñoz en el banquillo como rival. Cuatro días después, la derrota azulgrana en Gijón permitiría al Real Madrid cantar el alirón a tres fechas de la conclusión liguera, pero como último recuerdo azulgrana de Michels quedó grabado el 3-1 que sería su segundo título importante, una Copa del Rey donde el neerlandés volvió a ser fiel a sus principios. El único Barça de Michels con extranjeros en Copa tuvo a Rexach como estrella de un partido cuyo desarrollo fue bien resumido por los miembros de una redacción de *Don Balón* que, bajo el enunciado "Michels (3-4-3) derrotó tácticamente a Muñoz (4-4-2)", escribieron lo siguiente: "Ninguno de los dos equipos alineó el 4-3-3 previsto. Muñoz alineó a Noly con el "11" a la espalda para jugar de centrocampista y marcar a Cruyff, con lo que la táctica de Las Palmas se convertía en un 4-4-2 a base de sacrificar un delantero. El Barcelona renunció al puesto de lateral zurdo para marcar de cerca a Morete y Maciel con Migueli y De la Cruz, renunciando al defensa para meter a un centrocampista, Olmo, que se convirtió en el secante de Brindisi, mientras que Neeskens se situó de líbero para, con sus poderosos saltos, ayudar a Migueli y De la Cruz a controlar los balones bombeados sobre la portería de Mora. Así, el Barcelona formó con un 3-4-3, con lo que pudo durante casi todo el partido practicar un contraataque muy peligroso sobre el portal de Carnevalli y no dejar de atacar al equipo insular. Michels ganó la partida a Muñoz".

Con el ultraofensivo dibujo 3-4-3, que en realidad era similar a su habitual 4-3-3 pero con matices en la lectura, el "contraataque seguro" por escalones que escribiese Zubeldía y ese "pudo no dejar de atacar" leído en la crónica que responde a sus patentados

adelantamiento de líneas en bloque y *pressing football* cerró Rinus Michels con un título la primera andadura entrenando fuera de su país. La victoria ante el Valencia en el Camp Nou que, el 7 de mayo de 1978, certificaba el segundo puesto en Liga sería la despedida oficial de Michels y el Cruyff jugador del Barça de un club que, a finales de ese mes, organizaría un amistoso Barça-Ajax de homenaje a un Johan que supuestamente colgaba las botas. En lo institucional, la victoria de Josep Lluis Núñez en las elecciones cerraría la etapa de Agustí Montal Costa, resumida someramente por Alfredo Relaño en *El País* como destacada en el "cuidado de la cantera y a favor de la democratización del fútbol". Dos legislaturas sobre las que el presidente barcelonista de la década de los setenta se quedaría con las alegrías: "Bajo mi presidencia se ha obtenido un título de Liga, subcampeón en varias ocasiones y un título de Copa. Por otro lado, resultados bastante positivos en categoría juvenil, como tres o cuatro campeonatos. Se ha hecho algo que parecía olvidado, que es el paso de jugadores juveniles a Primera División, como Olmo, Sánchez, Carreño, Macizo, Botella, Mir, Fortes. También puedo decir que siempre el Barcelona ha estado luchando por el título hasta el último día. Ha jugado dos semifinales europeas y ganado la última Copa de Ferias. Creo que la imagen barcelonista está ahora en su época más importante". Como su antecesor en el cargo, Núñez sería discutido por innumerables causas, pero si gracias a la apuesta de Montal por la escuela holandesa esta llegó al Barça para tratar de relacionarse con las sensibilidades del club y enraizarse en él, sería Núñez quien consiguiese llevar a cabo ese objetivo tras entregar el equipo en 1988 a Johan Cruyff, entrenador en flor que, atendiendo la cantera y aplicando la filosofía de fútbol total, construyó una estructura sólida y apolínea de la que manaron cinco Ligas, una Recopa, una Copa del Rey y la primera Copa de Europa de la entidad. En adelante, Van Gaal en el banquillo, Laporta en la presidencia y, sobre todo, los dos alumnos aventajados en las enseñanzas de matriz holandesa Rijkaard y Guardiola, acabarían de dar al FC Barcelona el lugar en la historia que su dimensión merecía. Trascendencia en la que la ambiciosa y honesta unión entre Agustí Montal Jr. y Rinus Michels fue origen, aunque se sepa que la cimentación del edificio no sale en las fotografías.

# Epílogo

Después de abandonar el Barça y hasta poco más de una década antes de su muerte en 2005, Rinus Michels entrenó de manera breve en Estados Unidos, en dos ocasiones en su admirado fútbol alemán, haciéndose cargo de los banquillos del Colonia y el Bayer Leverkusen, llevó a la *Orange* a conseguir la Eurocopa de 1988 en Alemania Occidental, único título para la selección de su país, y a la semifinal de la jugada en 1992 en Suecia. Hasta esta última cita, por el combinado nacional holandés también pasaron entrenadores como Kees Rijvers, Thijs Libregts o Leo Beenhakker, y la esencia futbolística de la escuela no varió. Durante buena parte de los ochenta e inicios de los noventa, Beenhakker y Cruyff dirigieron a dos de los mejores equipos españoles de la historia, el Real Madrid de la Quinta del Buitre y el *Dream Team* del FC Barcelona respectivamente. Louis van Gaal revivió al Ajax y sucedió a ambos como entrenador referente holandés en la primera mitad de los años noventa, con una Copa de la UEFA, una Liga de Campeones y una final de la misma como principales resultados. Por unas cosas u otras, los tres técnicos son considerados revolucionarios, con mayor reconocimiento para Johan Cruyff. Sin restar méritos a lo que supuso que Beenhakker y Cruyff llevasen contraculturalmente el estilo ofensivo al fútbol español de las décadas indicadas, o a la virtud de Van Gaal para poner la posesión como referencia sin descuidar la perfección táctica con la que Sacchi y Capello dominaron Europa varios años con el AC Milan, tras leer este libro quizá ha de cuestionarse la consideración de novedad y ruptura a escala de totalidad de multitud de conceptos desarrollados por los exitosos técnicos neerlandeses a quienes se acaba de hacer referencia.

Si los equipos de Beenhakker, Cruyff y Van Gaal fuesen comparados con los de Michels, no ha de extrañar que la utilización del sistema 3-4-3 de aquellos evocase el aparente 4-3-3 de Michels; no ha de extrañar que en la búsqueda de la salida de balón limpia en corto o precisa en largo de Rijkaard, Winter, Gallego, Sanchís o Koeman desde el eje de las zagas de tres se leyese la de Vasovic; no ha de extrañar si se viese a Ferrer como marcador izquierdo siendo diestro si se hubo mirado antes a De la Cruz; no ha de extrañar si se encontrasen a Eusebio o Witschge en la zaga para aprovechar su técnica de distribución si se pensó en Krol o Costas; no ha de extrañar que la labor de tapón y llegador en la media punta de Bakero o la de interior de Davids recordasen a las de Neeskens; no ha de extrañar que Romerito, Hagi o Riquelme no triunfasen como enganches en los bloques azulgranas de Cruyff o Van Gaal; no ha de extrañar que en la liquidez ofensiva de Martín Vázquez, Míchel o Rijkaard apareciese la móvil improvisación de Van Hanegem o Asensi; no ha de extrañar que las cifras goleadoras de Amor, Luis Enrique o Ronald de Boer desde posiciones de interior se correspondiesen con las del mejor Marcial o las de unos Neeskens y Asensi a su nivel habitual; no ha de extrañar si se viesen a Butragueño o Laudrup en su campo para superar presiones cuando antes se vio a Cruyff; no ha de extrañar que lo raro de sacar a Hugo Sánchez, Lineker, Julio Salinas o Stoichkov de su hábitat natural en el área y hacerlos acudir a ella desde los costados ya lo pareciese con Keizer, Sotil, Heredia o Rep; no ha de extrañar que fuesen Butragueño, Laudrup, Figo, Litmanen o Bergkamp los delanteros centros cuando se les veía a menudo fuera del área rival, si para ello se hubiese mirado el pasado de Cruyff o Rexach. No ha de extrañar nada de eso, ni tampoco, después del *Dream Team*, que Guardiola dijese que "Cruyff daba los porqués. ¿Por qué el mediocentro puede jugar de central?, ¿por qué el extremo de lateral?", que el 3-4-3 de Pep fuese el de Johan, que Sergio Busquets fuese el propio Guardiola, que el juego adelantado de Víctor Valdés fuese el de Busquets padre y antes tratase de ser el de Jongbloed, que Pedro, Henry o Eto´o hiciesen esos movimientos desde los costados y consiguiesen un buen número de goles, o que un jugador de la talla individual de Ibrahimovic fracasase porque el puesto de ariete fuera ficticio y tuviese nombre y apellido en Lionel Messi. Como apuntó el entrenador español Juanma Lillo en una entrevista para *El Confidencial*, "Cruyff no estableció su innegociable 3-4-3 porque lo soñase una noche, sino porque lo había conocido en su Ajax cuando él era el mejor de esa plantilla. Porque primero Michels y luego Kovacs implantaron una idea de juego ofensivo basado en la posesión del balón y el posicionamiento como dogma que él comprendió y luego Guardiola perfeccionó". Si se observan las maravillas que ofreció la escuela holandesa al cambio de siglo, sobre todo en un FC Barcelona que tras adoptarla la quiso tanto como si hubiese salido de su vientre, y se repasa a su vez la historia del fútbol, es posible que se concluya que todos esos conceptos perfeccionados tienen su embrión en aquella generación de finales de los sesenta e inicios de los setenta. Allí se gestó todo, y su paternidad corresponde a Marinus Jacobus Hendricus "Rinus" Michels, el mejor entrenador de todos los tiempos.

# AGRADECIMIENTOS

A mis padres, por los primeros balones.
A Alberto, por la oportunidad. A la editorial, por la confianza.
A todos aquellos libros. Al fútbol.

# SOBRE EL AUTOR

Francisco Javier Roldán: Lector voraz. Apasionado de la historia del fútbol. El melillense Fco Javier Roldán Pérez es entrenador juvenil y actual redactor histórico en La Galerna. También escribe en el periódico El Confidencial.

# BIBLIOGRAFÍA

Suecia, apoteosis de Brasil. Pedro Escartín.
Chile y su Mundial. Pedro Escartín.
El Mundial defensivo. Pedro Escartín.
Táctica y Estrategia del fútbol. Osvaldo Zubeldia y Argentino Geronazzo.
Doctor y Campeón. Carlos Salvador Bilardo.
Yo, memorias de Helenio Herrera. Helenio Herrera.
El fútbol moderno. Bobby Moore.
La Selección a través de sus crónicas. Bernardo Salazar.
Cruyff, una vida por el Barça. José María Casanovas.
¡Campeones! José Luis Marco y Antonio Hernaez.
Mundo famoso. José María Íñigo.
Fútbol, dinámica de lo impensado. Dante Panzeri.
Brilliant Orange. David Winner.
La pirámide invertida. Jonathan Wilson.
Historia de los Mundiales de fútbol. Brian Glanville.
Noches Europeas. Miguel Lourenço Pereira y Joao Nuno Coelho.
Catenaccio: el arte de defender. Álex Couto Lago.
14 La autobiografía. Johan Cruyff.
A bote pronto. Carlos Santander.
De Riotinto a la Roja. Jimmy Burns Marañón.
El auténtico método del Barça. Laureano Ruiz.
Franz. Jürgen. Pep. Axel Torres.
La pelota yeyé. Fernando Cuesta.
El Barça y el franquismo. Carles Santacana.
Barça insólito. Manuel Tomás y Frederic Porta.
El Barça en Europa, 50 años. David Salinas.
Puskás y Puskás. Rogarn Taylor y Klara Jamrich.
Fútbol y poder en la URSS de Stalin. Mario Alessandro Curletto.

## HEMEROTECA:

Mundo Deportivo

El País
As
Marca
El Mundo
Sport
ABC
Dicen
El Confidencial
Diario Ara
El Español
¡Hola!
El Alcázar
Nuevo Diario
Pueblo
The Times
Clarín
El Gráfico
Der Spiegel
France Football
Revista Barcelonista
Revista Barça
Boletín informativo oficial del CF Barcelona
Don Balón
La actualidad española
The Tactical Room (textos de Martí Perarnau, Álex Couto Lago, Jaume Marcet, David Ruiz)
Líbero
Panenka

## OTRAS FUENTES:

BD Fútbol
Footballia
Wikipedia
Youtube
Futebol
Página oficial del FC Barcelona
Página oficial de la Federación Española de fútbol
Página oficial de la FIFA
Programa: Lecciones de historia
Documental: Historia del Barcelona
Canal de televisión oficial del FC Barcelona
NO-DO

www.ingramcontent.com/pod-product-compliance
Ingram Content Group UK Ltd.
Pitfield, Milton Keynes, MK11 3LW, UK
UKHW021907190726
13853UKWH00002B/556